노년

인생 제2막의 삶

사회과학교양총서 1

노년

인생 제2막의 삶

진영선 지음

경북대학교출판부

진영선 陳瑛善

현재 경북대학교 심리학과 교수로 재직 중이며, 경북대학교를 졸업하고 미국 University of Florida 대학원에서 인지심리학 석사 및 박사학위를 받았다. University of Maryland University College에서 객원교수를, 캐나다 McMaster University 노년학연구소에서 리서치 펠로우를 역임하였다. 주요 관심사는 기억과 뇌기능, 그리고 인지 노화 과정이다.

e-mail: ysjin@knu.ac.kr

사회과학교양총서 1

노년

인생 제2막의 삶

초판 1쇄 2014년 2월 20일 | **초판 3쇄** 2016년 1월 29일

지은이 진영선 | **펴낸이** 손동철 | **펴낸 곳** 경북대학교출판부

출판등록 1973년 10월 10일 ㉣97호 | **주소** 대구광역시 북구 대학로 80

전화 053-950-6741~3 | **팩스** 053-953-4692

이메일 press@knu.ac.kr | **홈페이지** http://knupress.com

ISBN 978-89-7180-391-2 93330

정가는 뒤표지에 있습니다.

파본은 바꾸어 드립니다.

서문

최근, TV의 저녁뉴스 프로그램에서는 노년층을 대상으로 한 뉴스들이 연일 쏟아져 나온다. 그 보도 내용을 살펴보면, 수명연장에 관한 최신의 의학 연구결과, 노년기의 정신건강 관련 이슈들, 길어진 기대수명에 적합한 생활방식의 소개, 노인들에 대한 편견과 복지제도 등 매우 다양한 이슈들을 다루고 있다. 초고령화 사회 진입을 목전에 두고 있는 우리의 현실에 비추어 볼 때, 노인들이 경험하게 될 개인적 혹은 사회적 문제들에 대한 우리 사회의 관심과 대책 마련에 대한 공론화는 지극히 당연하며 또 매우 중요한 노력이다.

전 생애 발달연구(life-span developmental research)의 관점에서 볼 때, 노년기는 인간의 삶 중 단지 성인기의 마지막 단계를 의미하는 것이 아니라 독특한 심리사회적 특성을 지니고 또 고유한 발달적 과업을 성취하여야 하는 매우 특징적인 인생의 시기이다. 또 노화 과정은 지극히 개인적인 것처럼 보이지만 다른 한편으로는 그들이 생활하고 있는 사회와의 상호작용 과정이기도 하다. 따라서 인간의 노화 과정을 이해하기 위해서는 다면적 접근이 필요하다.

노인들은 그들만의 고유한 변화와 수많은 도전에 직면해 있다고 볼 수 있다. 예를 들어, 인지적 쇠퇴나 정서적 변화에 따른 대처, 일과 은퇴, 연령 차별, 관계와 죽음 등 발달적으로 직면하고 적응하거나 대처해야 할 난관들이 산재해 있다. 이렇게 노년기에 나타나는 생물학적 · 심리적, 그리고 사회문화적 도전을 이해하기 위한 다학제적 연구결과들을 주제별로 분류하고 정리하는 것은, 따라서 매우 시의적절하고 유용한 노력이라

할 것이다.

물론 7개의 주제를 다룬 본 서는 노년학 연구의 전반적인 분야들을 망라하고 있지는 않지만 제한된 지면 수를 고려해 볼 때, 노년기의 신체적 · 인지적 변화, 성격과 정서, 정신건강과 대처, 가족관계, 일과 여가, 그리고 마지막으로 죽음과 애도는 노년기의 이해에 매우 핵심적인 주제라 여겨진다. 최근 노년학 연구의 여러 주제들 중 단연코 가장 부각된 화두는 '성공적 노화'이다. 따라서 각 장의 마지막 부분은 가능한 한 각 장의 해당 연구의 중요한 결과들이 성공적 노화에 가지는 함의를 담으려고 노력하였다.

개인이 주제를 선택하고 책의 형태를 결정하는 모놀로그 방식의 저술과는 달리 총서 발간을 위한 준비 과정에는 언제나 많은 이들의 노력과 수고가 담겨 있다. 전체 과정을 총괄하여 주신 배양일 사회과학원장님의 노고에 우선 머리 숙여 감사드린다. 또 본 프로젝트의 목적과 의의를 긍정적으로 평가해 주시고 진행을 허락해 주신 편집위원님들의 혜안과 지원에도 다시 한 번 감사의 말씀을 전하고자 한다. 시간적인 제약 속에서 수많은 자료들을 찾고 정리하여 준 인지노화실험실 소속 김신혜, 이민지, 정혜윤, 서영진의 노력이 없었더라면 본 서의 내용은 매우 빈약하였을 것이라 생각된다. 마지막으로, 본 서에서 발견되는 어떠한 오류도 전적으로 저자의 책임임을 밝혀 두며, 추후 수정 · 보완할 것임을 아울러 약속드린다.

2014년 1월 인지노화실험실에서

진영선

차례

제1장

신체적 변화

1. 노화란 무엇인가?

노화란 시간의 흐름에 따라 개인에게 일어나는 여러 변화들을 의미하며, 신체적 · 심리적 · 사회적 변화를 모두 포함하는 개념이다. 전 생애 발달적 관점에서 볼 때 인간의 발달 과정 중 어떤 측면들은 시간이 갈수록 그 기능이 쇠퇴하지만, 모든 능력이 감퇴하지는 않는다. 예를 들어, 환경 자극에 대한 반응 시간은 연령이 증가함에 따라 더 길어지지만(즉, 반응 속도는 더 느려지지만), 세상사에 대한 지식과 문제 해결을 위한 지혜는 시간이 갈수록 더욱 축적되고 확장될 수 있다. 노년기에 이르게 되면 체력과 민첩성은 저하되지만 일에 대한 판단력과 정확성 및 조심성은 증가한다. 발달학자들은 전 생애를 통해 신체적 · 심리적 · 사회적으로 변화를 경험함에 있어서 나타나는 획득과 손실, 그리고 중성적 변화들을 모두 포함한 발달 과정을 노화(aging)라 정의한다(한림대학교 고령사회연구소, 2010).

1) 노화의 구분

우리는 모두 노화에 따른 신체적 기능의 감퇴를 경험하게 된다. 성별, 인종, 문화 등에 관계없이 보편적으로, 그리고 반드시 나타나는 이러한 노화를 정상적 노화(normal aging) 또는 일차적 노화(primary aging)라고 부른다. 일차적 노화의 속도는 유전자에 의해 결정되기 때문에 개인마다 차이가 있고, 개인 내에서도 각 기관마다 차이를 나타낼 수 있다.

일차적 노화와는 달리 특수상황으로 인한 노화 현상도 존재한다. 질병이나 생활양식 혹은 생활습관, 약물 남용 및 여러 가지 심리적 · 사회적 요인 등에 의해 노화가 촉진되는 현상을 이차적 노화(secondary aging)라고 한다. 이차적 노화는 질병의 예방 및 치료, 금연, 꾸준한 운동이나 균형 잡힌 식사 등의 생활습관 개선을 통해 지연되거나 예방될 수 있다.

2) 연령 증가에 따른 신체적 변화

신체적 노화(physical aging)는 연령 증가에 따른 신체 및 행동의 감퇴나 저하를 의미하며, 생물학적 요인에 의해 일어나는 변화 과정을 뜻한다. 노년기에는 여러 가지 신체적 노화 현상을 경험하게 된다. 피부에 주름이 생기고, 흰머리가 많아지며, 신장과 체중이 감소한다. 대뇌의 구조 및 기능 역시 감퇴하는데, 이로 인해 기억력과 인지적 통제 기능이 저하된다. 연령이 증가할수록 심혈관계, 호흡기계, 소화기계의 기능적 효율성이 감소하며, 면역체계의 약화로 각종 질병에 취약해진다. 근골격계의 감퇴로 일상적인 활동에 지장을 받으며, 내분비계의 노화 때문에 성적 욕구 및 생식 능력이 감퇴한다. 또한 시각, 청각, 미각, 후각, 촉각 등 감각 기능들이 저하되어 불편을 겪고, 일상생활에서 많은 주의를 기울이게 된다.

2. 노화 현상

1) 외모의 변화

일반적으로 노화와 관련된 외모의 변화는 피부, 머리카락, 체형 등에서 나타난다. 피부 노화와 관련된 연구들에 의하면, 두 가지 유형의 노화, 즉 내적 노화와 외적 노화가 존재한다. 자연적 노화 과정으로도 알려져 있는 내적 노화는 유전자에 의해 일어나며, 보통 20대 중반부터 시작되어 계속 진행되는 연속적인 과정이다. 피부 내의 콜라겐 생성이 감소하고, 피부가 제자리를 찾아 빨리 회복할 수 있도록 도와주는 엘라스틴 역시 감소한다. 피부의 죽은 세포들은 재빨리 정리되지 않으며 새로운 피부 세포로 교체되는 비율 역시 감소한다. 이러한 변화들이 20대부터 일어나긴 하지만, 내적 노화의 전형적인 표시는 수십 년이 지나야 눈에 띄기 시작한다.

다양한 외부적 요인들이 정상적인 노화 과정과 함께 피부 노화를 일으키는데, 이와 같이 외부적 · 환경적 요인에 의해 일어나는 노화를 외적 노화라 한다. 외적 노화를 일으키는 대표적인 요인은 자외선이다. 그 외에 반복적인 얼굴 움직임 및 표정, 중력, 잠자는 자세, 흡연 등도 피부 노화에 영향을 주는 외부적 요인에 해당한다.

연령이 증가할수록 흰머리도 많아지는데, 이러한 과정은 30대부터 시작된다. 모낭에서 생성되는 멜라닌이라는 색소 때문에 머리카락이 본래 색깔을 유지하는데, 노화로 인해 멜라닌 색소 생성이 저하되면서 흰머리가 생긴다. 또 노화가 진행되면서 거의 대부분의 사람들이 모발 상실, 모발 굵기 감소, 모발 밀도 저하, 모발 성장 비율과 성장 속도 감퇴를 경험하게 된다.

노화가 진행되면서 체형에도 변화가 나타난다. 신장은 50대까지 거의 변하지 않다가 50대 중반과 70대 사이에 남자의 경우 약 3cm, 여자의 경우 약 5cm 감소한다(Hayflick, 1994). 신장이 감소하는 이유는 척추의 길이가 단축되기 때문이다. 즉 추골과 추골 사이에 존재하는 연골로 구성되어 있는 추간원반의 탄력성이 줄어들기 때문에 신장이 감소한다. 또한 추골 자체도 연령 증가에 따라 퇴화에 의해 단축된다. 60세가 지나면 신장의 단축은 그 이전보다 더 급격해진다(김명, 김옥수, 조미숙, 홍양자, 2008). 노년기 동안에는 체중도 감소한다. 그 이유는 체수분의 감소와 근 조직의 위축 때문이다. 체수분 감소는 또한 발한 기능의 저하 및 호흡, 순환 기능의 저하와 함께 외부 기온에 대한 저항력 저하를 초래한다.

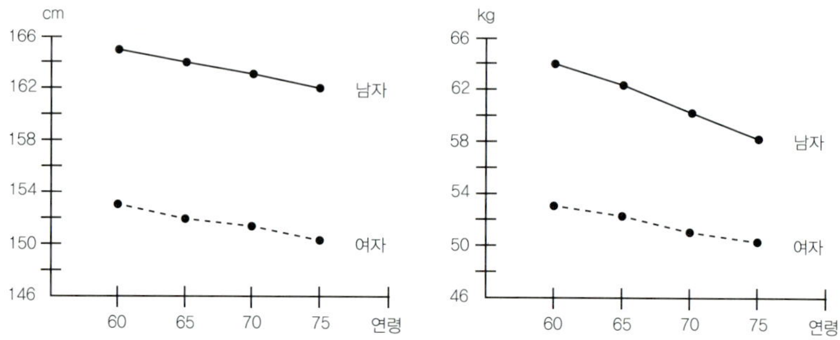

연령 증가에 따른 신장 변화 | 연령 증가에 따른 체중 변화

그림 1.1 연령 증가에 따른 신장 및 체중의 변화
자료: 김명 등(2008)에서 수정 · 인용]

2) 뇌의 변화

뇌는 연령이 증가함에 따라 구조적 · 기능적으로 퇴화한다. 신경계의 가장 기본 단위인 뉴런은 일생 동안 계속해서 상실되는데, 출생 직후에 엄청난 양이 소멸된다. 그리고 이러한 소멸 과정은 발달에 따라 비교적 느리게 진행되다가 60대 이후에 다시 급격하게 진행된다. 그러나 뉴런의 상실에는 개인차가 있다. 건강한 생활습관을 보유하고 규칙적인 신체활동을 하는 사람은 그렇지 않은 사람보다 더 오랫동안 뉴런의 수를 유지한다는 증거들이 많이 보고되고 있다. 비록 노년기에 뇌의 위축이 좀 더 빨리 진행되는 것은 사실이지만, 가소성(plasticity)의 원리에 따라 뇌는 스스로 한 영역의 손상을 보상하기 위해 다른 영역들을 사용한다. 그리고 여러 가지 적응 전략들을 사용함으로써 뇌 구조의 생물학적 쇠퇴에 따른 기능 저하를 보상하기도 한다(Terry & Sliwinski, 2012; Jimura & Braver, 2010; Cook, Bookheimer, Mickes, Leuchter & Kumar, 2007). 또한 반복적인 훈련이나 연습을 통해서도 뇌의 기능이 향상될 수 있다(Davidson, Zacks & Williams, 2003).

정상적인 노화 과정에서 뉴런의 상실이 많이 진행되는 대표적인 영역은 대뇌피질의 전두엽이다. 전두엽(frontal lobe)은 대뇌피질 중 가장 늦게 발달하는 부위로, 거의 대부분의 고등인지기능(예: 주의, 계획, 기억, 통제 등)에 관여한다. 특히 전두엽은 인지적 통제(혹은 집행통제)를 담당하는 영역으로 알려져 있는데, 연령이 증가함에 따라 전두엽의 기능이 감퇴하므로 청년에 비해 노인의 인지적 통제 기능이 많이 떨어진다. 따라서 노인은 필요한 정보에 집중하면서 동시에 과제와 무관한 정보에 대한 처리를 억제하는 데에 어려움을 겪는다.

뉴런 간 화학적 의사소통이 이루어지는 시냅스(synapse) 역시 연령 증가에 따른 변화를 보인다. 시냅스는 한 뉴런의 축색종말단추와 인접한 뉴런의 수상돌기 사이의 빈 공간을 의미한다. 뉴런 간 화학적 정보 전달, 즉 의사소통은 시냅스전 뉴런(pre-synaptic neuron)의 축색종말단추에서 방출된 신경전달물질(neurotransmitter)이 인접한 뉴런의 수용기에 전달됨으로써 이루어진다. 연령이 증가함에 따라 뉴런 내부에서 칼슘의 균형을 조절하는 능력이 감퇴하는데, 이로 인해 신경전달물질 방출의 효율성이 감소한다. 노화로 인해 신경전달물질 방출에 장기적인 문제가 생기면 뉴런은 결국 죽게 되며, 뉴런 간 정보 전달 자체에 문제가 생기고, 정보처리능력에도 큰 변화가 일어난다(Woodruff-Pak, 1997).

연령이 증가함에 따라 시냅스전 뉴런에서 방출되는 신경전달물질의 분비량 역시 감소한다. 신경전달물질의 감소는 정서적 · 인지적 기능의 변화를 일으킬 수 있다. 대표적인 신경전달물질로는 아세틸콜린, 도파민, 세로토닌이 있다. 아세틸콜린(acetylcholine)은 기억, 학습 및 각성과 관련된 물질로서, 노화로 인해 콜린성 신경전달물질체계에 손상이 오면 기억상실 등이 발생한다. 도파민(dopamine)은 전전두피질(prefrontal cortex)의 기능에 영향을 미치는 물질로, 집행 기능과 운동 통제 및 계획에 관여한다(Miller & Cohen, 2001). Goldman-Rakic과 Brown(1981)에 의하면, 연령이 증가할수록 전전두 및 측두 피질의 도파민 결핍이 심해진다. 마지막으로 세로토닌(serotonin)은 정서, 각성 등과 밀접한 관련이 있는 신경전달물질인데, 노년기에는 세로토닌이 감소하기 때문에 정서 변화를 자주 경험하며, 수면의 양이 감소한다.

3) 신체 각 기관의 변화

(1) 심혈관계

심장은 스스로 심장박동을 조절하는 체계를 갖추고 있는데, 연령이 증가하면서 심박 조절 체계의 몇몇 통로들에 〈그림 1.2〉와 같이 섬유조직과 지방 덩어리가 쌓이게 된다. 이로 인해 심박 조절 체계 내의 세포들이 죽으면서 심장박동 수가 감소한다. 연령이 증가함에 따라 심전도에도 변화가 생긴다. 노인의 심전도는 건강한 청년과 비교했을 때 약간 다른 양상을 보이는데, 심방세동(atrial fibrillation)—심방이 규칙적으로 뛰지 않고 심방의 여러 부위가 무질서하게 뛰면서 분당 400~600회의 매우 빠른 파형을 형성하고, 이로 인해 맥박이 불규칙하게 뛰는 부정맥(불규칙한 맥박) 질환의 일종—과 같은 비정상적인 리듬을 흔히 볼 수 있다.

혈관벽에는 압력 변화를 감지하는 압력 수용기(baroreceptor)가 있다. 압력 수용기는 갑자기 자세 또는 활동을 바꿀 때에도 혈압을 일정하게 유지하는 데 도움을 주는 역할을 한다. 그러나 압력 수용기의 민감성은 연령이 증가함에 따라 감소하기 때문에 많은 노인들이 누워 있거나 혹은 앉아 있다가 일어설 때 혈압이 낮아지는 기립성 저혈압(orthostatic hypotension)을 경험한다. 연령이 증가함에 따라 심장 대동맥은 점점 두꺼워지고, 경직되고, 덜 유연해진다. 이로 인해 혈관벽의 연결된 조직에서 변화가 일어나는데, 이러한 변화 때문에 혈압이 높아지고 심장이 더 힘들게 움직이게 되며 심장 근육이 두꺼워진다. 다른 동맥들 역시 두꺼워지고 경직되기 때문에 일반적으로 노인들의 경우 혈압이 어느 정도 상승한다.

연령이 증가함에 따라 혈액도 변화한다. 정상적 노화 과정으로 인해 체 수분이 감소하고, 이로 인해 혈류 내 수분이 감소하여 혈량(blood volume) 자체가 줄어든다. 스트레스나 질병에 대항하여 적혈구가 생성되는 속도 역시 감소한다. 그렇기 때문에 혈액 상실과 빈혈증에 대한 대처 속도가 느려진다.

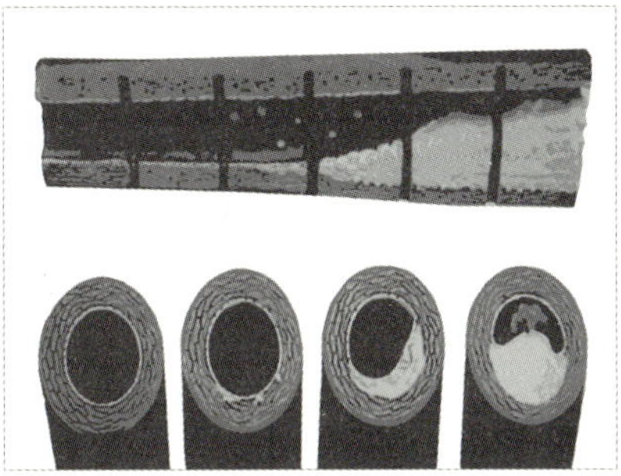

그림 1.2 혈관벽에 쌓인 노폐물
노화에 따라 혈관 벽에 지방과 섬유조직 등이 쌓여 혈액의 흐름을 방해하게 된다.

(2) 호흡기계

노년기에는 폐와 관련해서 많은 문제가 발생한다. 노화가 진행됨에 따라 폐포는 탄력성을 잃게 되어 수축의 정도가 줄어들며 결국 이는 폐활량의 감소로 이어진다. 또한 노화에 따라 폐포의 수도 감소한다(그림 1.3). 그 결과 산소 레벨이 만성적으로 낮아서 병에 대한 저항력이 감소하고, 운동 능력이 감퇴하며, 수면성 무호흡증(sleep apnea)과 같은 비정상적 호흡 패턴을 보인다. 또한 폐렴이나 기관지염(bronchitis)과 같은 폐 감염에 걸릴 위험성이 증가하며, 폐기종(emphysema)이나 폐암(lung cancer)과 같이 담배로 인한 질병에도 취약해진다. 또한 노년기에는 기침 반사(cough reflex)가 제대로 유발되지 않거나 기침이 약하게 나올 수 있고 코를 비롯한 호흡 통로들에서 IgA(바이러스에 대항하는 항체)라 불리는 물질이 적게 분비될 수 있다. 따라서 노인들의 경우 다른 폐 감염 유형보다도 특히 폐렴(pneumonia)에 걸릴 위험성이 더 크다.

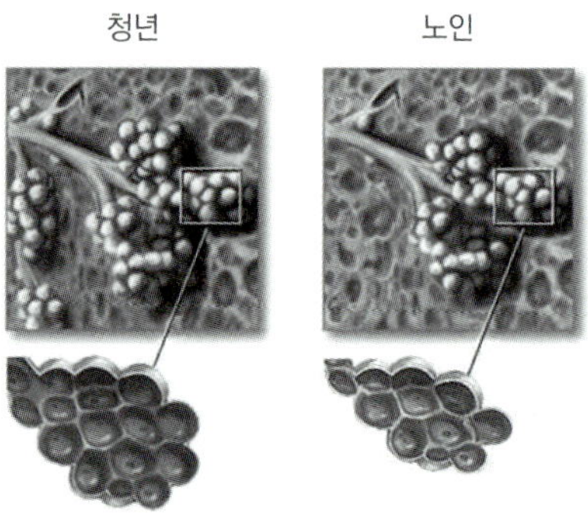

그림 1.3 청년과 노인의 폐포
연령이 증가함에 따라 폐포의 수가 감소한다.
자료: www.healthcentral.com

(3) 소화기계

소화기계는 신체의 다른 기관들에 비해 상대적으로 노화의 영향을 적게 받지만, 많은 소화기 질환들은 연령에 따른 노화의 결과로 발생하기도 한다. 특히, 노인은 게실증*에 취약해지고 약물 복용의 부작용으로 변비와 같은 소화기관 장애를 겪기도 한다.

연령이 증가할수록 식도 수축의 강도 및 식도 상부괄약근의 팽팽한 정

* 게실증(diverticulosis)은 식도 · 소장 · 대장 등 주요 신체기관 벽에 생기는 작은 주머니인 게실(diverticulum)에 장 내용물이 들어가 낭이 장 벽 밖으로 튀어나오는 상태를 의미하며 특히 대장에 많이 나타난다. 게실증은 별다른 증상을 동반하진 않으나, 이것이 염증을 일으키게 되면 게실염이 발생한다. 게실증 및 게실염의 예방을 위해서는 식이섬유소를 하루 15~20g 이상 섭취함으로써 대변의 양을 늘리고 배변을 원활하게 하여 대장 내부 압력을 낮추는 것이 좋다(위키백과사전).

도가 약해진다. 이러한 변화로 인해 음식물을 내려보내는 연동 운동 자체가 방해를 받는 것은 아니지만 많은 노인들의 경우 식도 수축을 방해하는 질환 때문에 연동 운동의 효율성이 떨어질 수 있다. 소장은 연령 증가에 따른 노화의 영향을 가장 적게 받는 기관이다. 즉, 음식이 소장을 통과하는 과정과 대부분의 영양소가 흡수되는 과정은 연령이 증가해도 별로 변하지 않는다. 그러나 락타아제의 분비가 감소하면서 많은 노인들이 우유나 유제품을 섭취했을 때 복통, 설사 등의 증상을 경험한다.

간은 노화로 인해 점점 짙은 갈색으로 변하며, 전체적인 크기와 혈류량이 감소한다. 특히 물질의 신진대사 능력이 저하되기 때문에 몇몇 약물들의 효과가 잘 나타나지 않기도 한다. 청년들에게서 부작용이 발생하지 않는 약물이라 하더라도 노인에게는 복용량과 관련된 부작용이 생길 수 있으므로 복용량을 적게 처방해야 한다. 스트레스에 대한 저항력과 손상된 세포를 회복시키는 능력 역시 노화에 따라 감퇴한다. 따라서 노인의 경우, 독성이 강한 물질에 의한 해로운 효과를 더 많이 경험한다. 대장은 노화의 영향을 크게 받지는 않지만, 노년기에 대장으로 음식을 보내는 운동이 느려지고 직장의 수축 운동이 감소하기 때문에 변비를 경험하는 비율이 증가한다.

(4) 근골격계

많은 사람들이 40대에 접어들면서 뼈, 관절, 힘줄, 인대, 근육 등의 감퇴를 경험하기 시작한다. 이 중 근력은 연령 증가에 따른 근육의 변화를 가장 잘 나타내 줄 수 있는 측정치이며, 근력의 감소는 신체적 기능의 저하와 밀접한 관계가 있다. 근력(특히 한 번에 최대로 낼 수 있는 힘의 세기)은 연령이 증가함에 따라 감퇴하는데, 50대 이후부터 10년에 12~15%씩 줄어든다(Hurley, 1995). 노년에 이르면 근육 섬유의 수와 크기가 점진적으로 감소하는데, 특히 속도와 세기와 관련된 속근 섬유(fast-twitch fibers)가 더 많이 감소하기 때문에(Morley, Baumgartner, Roubenoff, Mayer & Nair, 2001) 근력이 약해진다. 뼈 역시 노화의 영향을 받는다. 골중미네랄은 성인기 동안(20대에서 90대에 이르기까지) 대략 10년에 5~12% 정도 감퇴하고, 골강도 역시 10년에 8.5%씩 약해진다. 골중미네랄 농도가 평균보다 지나치게 낮아질 때를 골다공증(osteoporosis)이라 부르는데, 골다공증에 걸린 경우 뼈의 양이 감소하고 뼈의 강도가 약해진 상태이기 때문에 골절이 일어날 가능성이 높다. 정상인과 골다공증 환자의 뼈의 밀도 차이는 〈그림 1.4〉를 통해 관찰할 수 있다. [표 1.1]은 연령, 성별, 폐경 등과 같은 골다공증의 위험 요인들에 대해 간단히 요약하고 있다.

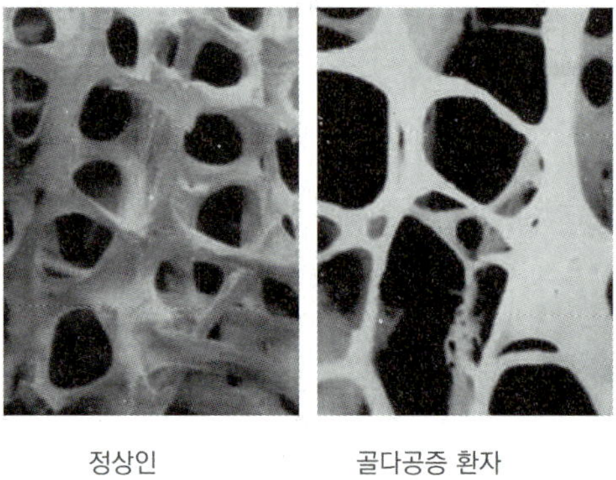

그림 1.4 정상인과 골다공증 환자의 뼈
자료: 서울대학교병원; www.naver.com에서 재인용

일반적으로 40대가 되기 전까지는 관절 기능의 변화를 잘 감지하지 못하지만, 연령에 따른 구조적인 퇴화는 모든 관절에서 일어난다. 관절이 퇴화하는 이유는 연골 조직 내의 세포가 스스로 회복하는 능력을 상실하기 때문이다. 관절을 보호하고 있는 연골의 점진적인 손상이나 퇴행성 변화로 인해 관절을 이루는 뼈와 인대 등이 손상되어 염증과 통증이 생기는 것이 바로 퇴행성 관절염(degenerative arthritis)이다.

표 1.1 뼈 손실 및 골다공증의 위험 요인들

요인	위험
연령	남녀 모두 연령과 함께 뼈의 밀도가 감소하나 여성들은 폐경기에 급격한 감소를 경험한다.
성별	여성들은 남성들보다 뼈의 밀도가 더 낮고, 폐경기에 이르면 남성들보다 더 빠르게 뼈의 밀도가 상실된다. 더욱이 여성들은 남성들보다 더 오래 생존하기 때문에 골다공증으로 고생할 가능성이 더 많다.
인종	백인과 아시아계 미국인들이 아프리카계 미국인들보다 골다공증 위험성이 더 크다.
폐경 상태	폐경 후 여성들이 훨씬 더 큰 위험에 처한다. 에스트로겐 대처요법은 골다공증 위험을 유의하게 감소시킨다.
체중	키에 비해 가벼운 여성들이 더 큰 위험을 갖는다.
폐경 시기	폐경이 빠른 여성들 혹은 수술로 난소를 제거한 여성들이 더 높은 위험에 처한다.
유전	비타민 D의 흡수 능력에 영향을 주는 유전자가 존재하기 때문에 골다공증 환자가 있는 가계의 사람들이 더 큰 위험에 노출된다.
식사	칼슘은 적고 카페인은 많은 식사가 더 큰 위험을 초래한다.
운동	운동을 많이 할수록 골다공증의 위험이 감소한다.
생활양식	흡연자가 비흡연자보다 골다공증의 위험이 더 높다.

자료: 장휘숙(2006)에서 수정 · 인용

(5) 내분비계

내분비계(endocrine system)는 호르몬을 생성하는 여러 기관들과 조직들로 구성되어 있다(그림 1.5). 호르몬은 우리 몸에서 만들어지는 자연적인 화학물질로, 특정 장소에서 생산된 후 혈류를 타고 이동하여 다른 기관들과 체계에 영향을 미친다. 호르몬을 생산하는 기관으로는 시상하부, 뇌하수체, 갑상선, 부신, 췌장, 고환과 난소 등이다. 호르몬을 생산하는 많은 기관들도 다른 호르몬에 의해 조절되는데, 이러한 조절 과정은 노화의 영향을 받는다. 노화가 진행됨에 따라 어떤 호르몬은 그 수준이 증가하는 반면, 어떤 호르몬은 감소하고, 또 다른 호르몬은 이전과 같은 수준을 유지하기도 한다. 시상하부의 경우 호르몬 생산량은 이전과 같은 수준으로 유지되지만, 연령이 증가할수록 내분비계의 기관들이 시상하부의 호르몬에 반응하는 정도가 낮아지는 형태로 노화가 진행된다.

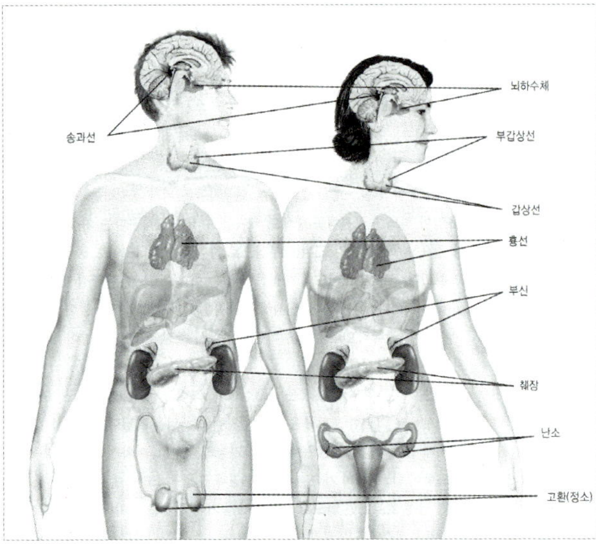

그림 1.5 내분비계의 다양한 기관들
자료: 장문선 등(2010)에서 인용

노화로 인하여 분비량이 줄어드는 호르몬은 부신피질(adrenal cortex)에서 생산되는 알도스테론(aldosterone)이다. 알도스테론은 유체와 전해질의 균형을 조절하는 호르몬으로, 이 호르몬이 감소하기 때문에 노인이 갑자기 자세를 바꾸면 어지럼증이 생기고 혈압이 떨어진다. 난소와 고환에서 생산되는 성 호르몬 역시 연령이 증가할수록 감소하여 남성의 경우 테스토스테론의 수준이 감소하고, 여성의 경우에는 폐경기 이후에 에스트라디올(여포호르몬)과 다른 에스트로겐 호르몬 수준이 감소한다. 반면에 노화에 따라 분비량이 많아지는 호르몬도 있는데, 그 대표적인 예는 췌장에서 생산되는 인슐린이다. 50세 이후부터는 세포들이 인슐린의 효과에 덜 민감하게 반응하기 때문에, 10년마다 평균 혈당 수준이 1데시리터(dL)당 6에서 14밀리그램(mg)으로 증가한다. 따라서 혈당수준을 조절하기 위해 인슐린의 분비량이 증가한다. 갑상선 호르몬의 경우 대사량이나 반응의 민감도는 유지되나 대사 속도가 느려지는 형태로 노화가 진행된다.

(6) 면역체계

면역체계(immune system)는 외부에서 침입한 세균이나 박테리아 등을 감지하여 파괴하는 시스템이다. 노화는 면역 기능을 저하시켜 노년기에는 질병에 취약해지고 예방 주사나 다른 면역 조치의 효과도 잘 못 보게 된다. 세포의 결함을 감지하고 바로잡는 능력 역시 노화에 의해 감퇴하므로, 연령이 증가할수록 암에 걸릴 위험성이 높아진다.

면역세포인 T세포를 생산하는 기관인 흉선은 사춘기 이후부터 위축되기 시작하여 중년기가 되면 최대 크기의 15% 정도로 작아지고 상당 부분이 지방으로 대체된다. 연령이 증가한다고 해서 T세포의 수가 변하는 것은 아니지만, T세포의 기능이 감퇴하기 때문에 노년기에 면역체계가 약화된다. 노년기에 일어나는 감각 기능, 걸음걸이 및 피부 구조의 변화, 그리고 다른 '정상적 노화 과정'은 박테리아가 망가진 피부 사이로 더 잘 들어올 수 있도록 하기 때문에, 노인의 경우 감염에 매우 취약하다. 질병 또는 수술에 의해서도 면역체계가 약해질 수 있는데, 이렇게 약화된 면역체계 때문에 더욱 쉽게 감염된다. 노인들에게서 흔히 볼 수 있는 당뇨병(diabetes) 역시 면역체계를 약화시킬 수 있다.

4) 감각기능의 변화

노년기에는 눈의 근육이 약해져 눈의 움직임에 제한이 생길 수 있으며, 물체를 볼 수 있는 시야가 좁아진다. 또한 노화가 진행되면서 눈물의 양이 감소하는데, 이로 인해 눈이 건조해진다. 이를 계속 방치해 두면 각막에 염증이나 상처가 생길 수 있다. 노년기에는 원시(presbyopia)를 경험하기 때문에 가까운 곳에 있는 물체에 초점을 맞추는 데 어려움을 겪게 된다. 또한 노인은 파장이 짧은 청색 계통(파란색, 초록색)보다 파장이 긴 붉은색 계통(노란색, 주황색, 빨간색)을 더 잘 구분하는 황하현상(yellowing)을 경험하게 된다. 연령이 증가할수록 자연적인 노화 과정이나 다른 질병의 영향을 받아 시각과 관련된 질환에 걸릴 위험이 높아지는데, 노년기에 주로 발생하는 안과 질환으로는 백내장, 녹내장, 당뇨성 망막병증, 노인성 황반변성 등이 있다.

연령이 증가하면서 청각 능력 역시 감퇴한다. 그중 대표적인 증상이 노인성 난청(presbycusis)이다. 노인성 난청의 경우, 전반적으로 청력이 감퇴하지만 특히 높은 음을 잘 못 듣는다. 그리고 특정 소리를 잘 구분하지 못하며, 소음이 심할 때 타인의 말을 잘 듣지 못하기 때문에 대화 내용에 대한 이해력이 떨어진다. 노년기에 흔히 경험하는 또 다른 현상은 이명 또는 귀울림(tinnitus)이라고 부르는 것인데, 외부 소음이 없음에도 불구하고 머리나 귀에서 마치 벨이 울리는 것처럼 소리가 들리는 현상이다. 귀울림 현상은 아스피린, 항생제, 소염제 등의 복용, 외상으로 인한 두개골의 구조적 변화, 귓구멍 내 귀지의 축적 등과 관련 있다.

연령이 증가할수록 혀에 있는 맛봉오리인 미뢰의 수 역시 감소한다. 그리고 남아 있는 미뢰도 위축되어 질량이 감소한다. 미뢰는 단맛, 짠맛, 신맛, 쓴맛에 대해 반응하는데, 60세가 지나면 네 가지 맛에 대한 민감성이 모두 떨어지며 그중에서도 단맛, 짠맛에 대한 민감성은 더 많이 저하된다.

게다가 침 분비도 감소하므로 입안이 건조해지고 미각 기능이 떨어진다. 70세 이후가 되면 콧속 신경말단의 상실 및 점액 분비 감소 등으로 인해 냄새를 맡는 능력 역시 감퇴한다.

노년기에는 촉각에도 변화가 일어나는데, 이는 정보를 받아들이는 촉각 수용기의 수가 감소하거나 수용기로부터 받은 정보를 뇌로 전달하는 척수, 또는 정보를 해석하는 뇌로 향하는 혈류량이 줄어들기 때문이다. 또한 온도에 대한 민감성이 떨어져 시원한 것과 차가운 것, 그리고 따뜻한 것과 더운 것의 차이를 잘 구분하지 못한다. 따라서 노년기에는 동상이나 화상 등을 입을 위험이 높아진다. 50세가 지나면 통증에 대한 민감성도 저하되어 상처를 입었을 때 아픔을 잘 느끼지 못할 수도 있다. 그리고 몸의 자세나 상태에 대해 지각하는 능력이 떨어지므로 걷기가 불편할 수 있으며, 낙상의 위험이 높아진다.

균형감각 역시 노화의 영향을 받는다. 40세가 되면 전정감각 신경세포 중 털 세포의 숫자가 제일 먼저 감소하기 시작한다. 전정신경의 기능이 감퇴하면 머리나 몸의 위치 변화를 인식하는 능력이 저하되고, 아주 짧은 시간이지만 동공의 움직임을 적절하게 조절하지 못하기 때문에 주변 환경이 흔들려 보인다. 노인성 어지러움은 주로 머리 위치나 몸의 자세를 바꿀 때 발생하며 이때 몸이 휘청거린다. 어지러움은 증상 자체로도 고통스럽지만 그로 인한 낙상이 더 큰 문제가 될 수 있다.

5) 생식 및 성적 능력의 변화

(1) 여성의 갱년기

여성은 보통 45~55세 사이에 갱년기(혹은 폐경기, menopause)를 경험한다. 이 시기가 되면 배란과 월경이 멈추고 임신할 수 있는 능력을 상실한다. 에스트로겐과 프로게스테론의 생산량 역시 감소하는데, 이러한 호르몬의 변화로 월경의 빈도가 점차 줄어들다가 서서히 폐경이 된다. 갱년기 증상은 폐경하기 몇 년 전부터 나타나기 시작한다. 월경 주기의 변화(주기가 길어지거나 짧아짐, 양이 증가하거나 감소함, 지속 기간이 길어지거나 짧아짐), 얼굴 홍조 및 번열증(몸 전체가 달아오르는 갑작스러운 열 반응, 주로 얼굴이나 상체에 갑자기 열이 나고 땀이 나는 현상), 수면 중에 나는 식은땀, 불면증과 같은 수면 문제, 질 건조증, 갑작스러운 기분 변화, 주의 집중의 어려움, 탈모, 성적 욕구 감퇴, 두통, 관절통 등의 문제가 나타날 수 있다. 갱년기는 5년 정도 지속되는데 개인마다 경험하는 증상의 정도는 다를 수 있다.

갱년기 증상에 대한 치료는 증상의 심각성, 전반적인 건강 상태, 개인의 선호 등에 의해 결정되는데, 호르몬 요법이나 생활양식의 개선 등을 통해 치료한다.

(2) 남성의 갱년기

남성 생식기에서 일어나는 연령 증가에 따른 변화에는 고환 조직, 정자 생산 및 발기 기능의 변화 등이 있다. 노년기에 고환 조직의 양은 감소하나 남성 호르몬인 테스토스테론의 분비는 이전과 동일한 수준을 유지하거나 미미한 정도로 감소한다. 폐경기의 여성과는 달리 남성의 갱년기 증상은 점진적으로 나타난다. 노화로 인해 정자가 이동하는 관의 탄력성이 줄어드는데, 이러한 현상을 경화증(sclerosis)이라 한다. 연령이 증가해도 고환은 계속해서 정자를 생산할 수 있지만 생산 속도가 느려지고 정자의 활동성도 감소한다. 또한 발기 기능에도 문제가 발생할 수 있다. 그리고 연령이 증가하면서 전립선이 비대해지는데, 이로 인해 소변 및 사정이 느려진다. 남성의 절반 정도가 전립선 비대증을 겪는 것으로 알려져 있다. 또한 연령이 증가함에 따라 전립선암에 걸릴 위험도 함께 증가한다.

노화로 인한 생식 능력의 감퇴는 개인마다 다르기 때문에, 연령은 남성 생식 능력을 예측하는 정확한 기준이 되진 못한다. 전립선 기능이 곧 생식 능력인 것은 아니며, 전립선을 제거해도 여전히 정자가 활동한다. 정액의 양은 노년기에도 그대로 유지되지만 정액 속에 살아 있는 정자의 수는 감소한다. 성욕 감퇴 역시 몇몇 남성에게서 나타나는데, 이는 저하된 테스토스테론 분비와 관련이 있다. 그러나 성욕 감퇴는 노화와 관련된 심리적 혹은 사회적 변화, 질병, 만성 질환, 약물 등에도 영향을 받으므로 연령 증가에 따른 노화 자체가 성욕 감퇴의 원인이라고 할 수는 없다.

3. 노화를 방지하기 위한 노력

1) 노화에 대한 이해

노화는 누구나 경험하는 보편적인 과정이지만, 노년기의 모습은 개인에 따라 매우 다양하다. 연령이 증가해도 계속해서 건강을 유지하고 다양한 활동을 지속하며 즐겁게 사는 사람이 있는가 하면, 그렇지 않은 사람도 있다. 이러한 차이는 노화에 대한 개인의 태도와 생활습관이 다르기 때문에 발생한다. 정상적인 노화 과정은 누구에게나 일어나며 노화를 완전히 예방하거나 막을 수 있는 방법은 없다. 그러나 정상적 노화로 인한 부정적인 영향이나 다른 외부 요인에 의한 이차적 노화 현상들은 개인의 노력에 의해 충분히 예방되거나 경감될 수 있다. 이를 위해서는 정상적 노화 과정에 대해 이해할 필요가 있다. 신체 기관들의 쇠퇴가 곧바로 질병으로 연결되는 것은 아니다. 즉, 노화 그 자체는 병이 아니다. 노화 과정이나 노화에 따라 생길 수 있는 질병에 대한 지나친 염려나 오해는 실제 신체적인 노화로 인한 것보다 더 부정적인 결과를 초래할 수 있으므로 정상적인 노화 과정에 대한 이해는 매우 중요하다.

2) 노화 방지를 위한 생활습관

(1) 꾸준한 신체 활동

비록 신체의 많은 기관들이 노화 과정을 겪지만 우리의 몸은 가소성을 가지고 있기 때문에 훈련을 통해 얼마든지 구조적 쇠퇴에 따른 기능 저하를 완화하거나 보상할 수 있다. 따라서 노화 과정이 진행되면서 신체적 기능이 더 악화된다고 생각하기보다는 노력을 통해서 신체적 기능을 유지 또는 향상시킬 수 있다는 믿음을 가지는 것이 건강을 유지하는 데에 도움이 된다. 규칙적으로 운동을 하는 것은 노화의 지연과 함께 노화로 인한 질병을 예방하는 데 도움이 된다. 이를 위해서는 노년기에 적합한 운동 방식을 이해하는 것이 중요하다. 저녁은 부신피질과 갑상선 자극 호르몬의 분비량이 증가하므로 운동의 효율이 높아 노인이 운동하기에 적합한 시간이다. 또한 하루 중 혈압이 가장 낮은 시간이므로 고혈압인 노인이 운동하기에도 좋다. 저녁에 운동을 할 경우 수면을 돕는 호르몬의 분비가 촉진되어 노년기에 겪기 쉬운 수면장애 해결에도 도움이 된다. 노인에게는 단시간의 격렬한 운동보다는 지구력을 요구하는 걷기나 달리기 등의 운동이 적합하다. 미국의 국립노화연구소에서 추천하는 노화 방지를 위한 운동은 다음과 같다.

- 근력 운동: 평소 운동을 하지 않는 사람의 경우 노화가 시작되면 근육이 빠르게 유실된다. 근력 운동은 이러한 근육의 유실을 방지하는 데 도움이 된다. 근육량이 많아지면 체중과 혈당을 조절하는 데도 도움이 된다.
- 유산소 운동: 규칙적인 유산소 운동은 심장과 폐를 튼튼하게 하는 데 도움이 된다. 하루 30분 정도 땀이 날 때까지 운동하는 것이 좋다. 걷기, 조깅, 수영, 자전거 타기 등의 운동이 노인에게 적합하다. 달리기

가 불가능한 경우, 지팡이나 다른 보조 기구에 의지해서 걷는 것도 좋다.

- 균형 훈련: 양 팔을 펴고 한쪽 다리로만 서거나 바닥을 짚지 않고 앉았다 일어서는 등의 동작은 몸의 균형감각을 유지하는 데 도움이 된다. 이는 노인에게 자주 일어나는 낙상 사고를 막는 데도 효과가 있다.
- 스트레칭: 스트레칭은 사용하지 않는 근육과 노화로 위축되는 근육을 자극하여 그 자체만으로도 운동 효과를 낸다. 또한 스트레칭은 관절의 유연성을 높이는 데도 도움이 된다.

(2) 건강한 식습관

노화에 대한 이론들 중 활성 산소 이론에 따르면, 우리 몸속에서는 신체 기관을 작동시키기 위하여 많은 화학 반응들이 일어나는데 이 과정에서 활성 산소가 생겨난다. 활성 산소는 반응성이 매우 높아 신체 각 부위에서 불필요한 화학 결합을 일으켜 정상적인 신체 기능을 방해한다. 따라서 활성 산소가 많아질수록 노화가 가속되므로 활성 산소를 줄이는 것이 노화 방지에 도움이 된다. 활성 산소를 줄이기 위하여, 즉 항산화를 위하여 생활 속에서 할 수 있는 노력은 건강한 식습관을 가지는 것이다. 항산화 물질로는 엽록소, 베타카로틴 등이 있으며, 세포의 생성을 돕는 비타민 A, 피부 노화를 막는 비타민 E도 노화 방지에 도움이 된다. 또한 브로콜리, 블루베리, 당근, 녹차 등은 노화를 예방하는 성분을 풍부하게 포함하고 있다. 노년기의 건강을 위협하는 질병을 예방할 수 있게 해 주는 음식을 평소 즐겨 먹는 것도 건강한 노년을 위한 식습관이라 할 수 있다. 미국 국립암 연구소에서는 노화 방지와 항암 효과가 뛰어난 4대 식품으로 마늘, 토마토, 적포도주, 녹차를 선정하였다.

(3) 노화 방지를 위한 기타 노력

건강한 생활습관을 가지는 것도 노화 방지를 위해 중요하다. 생활습관과 더불어 여러 가지 보상 전략들을 사용하는 것 또한 건강 유지에 도움이 된다. 시각의 감퇴로 가까이 있는 것이 잘 보이지 않을 때 돋보기와 같은 보조 도구를 사용하거나 큰 글자로 된 책을 읽는 것, 청각 기능이 저하되어 대화에 어려움이 있을 때 조용한 곳에서 낮은 목소리로 천천히 대화를 나누는 것, 중요한 약속이나 복용해야 할 약이 있을 때에는 잘 보이는 곳에 메모를 붙여 놓는 것 등이 보상 전략에 해당한다. 신체적 노화로 인한 부정적인 결과를 예방하기 위해서는 정상적인 노화 과정에 대한 이해, 변화 가능성에 대한 믿음, 건강한 생활습관 및 여러 가지 보상 전략들의 사용과 더불어, 정기적인 건강 검진이 매우 중요하다. 정기적으로 검사를 받으면 문제가 발생하더라도 조기에 발견할 수 있고, 빠르게 치료를 진행할 수 있기 때문에 유익하다. 또한 계속해서 신체적 활동 및 사회적 활동을 유지하는 것도 신체적 · 심리적 건강에 긍정적인 영향을 미친다.

제2장

인지적 변화

나이가 들면 신체적 기능과 마찬가지로 인지적 기능도 감퇴한다. 이는 정상적인 노화 과정에서 누구나 겪게 되는 보편적인 현상이다. 그러나 사람들은 신체적 기능의 감퇴보다 인지적 기능의 감퇴를 더욱 걱정한다. 왜냐하면 신체적 기능에 대해 평가할 때는 흔히 '전력을 다하여 100m를 몇 초 안에 통과하는가?'와 같이 일상생활에서 아주 가끔 사용될 능력들을 평가하므로 이러한 능력이 감퇴하는 것에 별로 충격을 받지 않기 때문이다. 그러나 인지적 기능의 감퇴는 일상생활에 자주, 그리고 지속적으로 영향을 주기 때문에 노년기에는 이러한 인지적 능력의 저하에 더욱 민감해진다. 예를 들어 규칙적으로 약을 복용해야 하는 노인이 약 먹는 것을 잊어버리거나 중요한 활동 또는 약속을 깜빡 잊어서 다른 사람에게 피해를 주는 것은 노화의 부정적 영향을 실제보다 훨씬 크게 느끼게 한다. 그러나 나이가 들면서 모든 인지적 기능이 감퇴하는 것은 아니다. 우리는 흔히 노인들에게서 뛰어난 지혜와 삶의 연륜을 엿볼 수 있다. 이처럼 노년기에도 계속 유지되거나 더 확대되는 능력들도 존재한다는 사실을 살펴볼 때 노년기에 나타나는 인지의 변화를 감퇴의 견지에서만 논의할 수는 없다. 노년기에 나타나는 인지적 변화를 이해하기 위해서는 감퇴와 변화 두 가지 측면 모두를 살펴볼 필요가 있다.

1. 정보처리와 기억의 변화

우리는 우리를 둘러싸고 있는 환경으로부터 수많은 정보들을 받아들이고 그 정보들을 분석하고 해석하여 삶에 활용한다. 또한 이미 가지고 있는 정보들을 이용하여 환경을 변화시키기도 한다. 그러나 연령이 증가할수록 이러한 정보처리 능력이 서서히 감퇴하면서 기억 능력도 저하된다.

1) 정보처리의 변화

정보처리는 우리의 일상에서 늘 일어나고 있는 일이다. 음식을 배달시키는 과정을 생각해 보자. 여러 배달 음식점의 전화번호가 실린 전단지의 전화번호들을 살펴보면서 그중에서 내가 먹고 싶은 음식을 배달하는 식당의 번호를 찾아 그 번호를 외워서 전화를 거는 과정을 떠올려 보자. 이 과정에는 부호화, 저장, 유지, 인출의 모든 과정이 포함되어 있다. 인간의 정보처리 과정은 크게 세 단계로 나뉘는데, 그중 첫 번째는 정보를 입력하는 부호화(encoding) 단계이다. 이 단계는 여러 가지 감각 정보들을 원래의 감각 양식 그대로 받아들이는 과정과 주의를 기울일 필요가 있는 정보를 선별하는 과정을 포함한다. 앞서 든 예에서 찾고자 하는 식당의 전화번호에 주의를 기울이는 것이 부호화 단계에 해당한다. 두 번째 단계는 이렇게 입력한 정보를 저장(storage) 및 유지(retention)하는 단계이다. 이 단계에서는 선택적으로 주의를 기울인 정보를 계속 유지하기 위해 반복해서 암송하는 등의 노력을 기울이게 된다. 즉, 전화하려는 식당의 전화번호를 계속해서 되뇌는 과정이 바로 이 단계에 해당한다. 정보처리의 마지막 단계는 정보를 인출(retrieval)하는 과정으로, 저장했던 정보를 다시 꺼내어 사용하는 단계이다. 계속해서 외우고 있던 식당의 전화번호를 기억해 내어 번호를 누르는 과정에 해당한다. 이와 같이 정보처리는 부호화, 저장 및 유지, 인출의 단계를 거치는데, 세 단계 중 어느 한 단계에서라도 문제가 발생하면 일상적인 활동에 문제가 생기게 된다.

연령이 증가할수록 부호화, 저장 및 유지, 인출의 단계를 포함하는 정보처리 능력이 서서히 감퇴하는데, 그 이유는 다음과 같다. 첫째, 노년기의 정보처리는 생물학적인 감퇴의 영향을 받는다. 정보처리의 효율성은 정보처리를 얼마나 빨리 하는가와 밀접한 관련이 있는데, 노년기에는 뇌의 뉴런이 소멸될 뿐만 아니라 뉴런들 간의 정보 교신 속도가 느려지기 때문에 행동적인 반응 시간과 정보처리의 속도가 감소한다. 전반적인 속도 감퇴설(general slowing hypothesis)에 의하면, 신경계의 퇴화로 인한 정보처리 속도의 감소가 정보처리의 효율성에 영향을 준다.

노년기에는 정보를 처리하는 속도뿐만 아니라 필요한 정보에 선택적으로 주의를 기울이는 능력과, 동시에 여러 가지 정보에 주의를 기울이는 능력도 저하된다. 이는 신경계의 노화로 인해 사용 가능한 주의 자원이 많지 않기 때문이며, 한정된 주의 자원을 효율적으로 배분하는 통제 및 조정 능력 역시 감퇴하기 때문이다. 이와 관련된 주장이 억제 결함 가설(inhibitory deficit hypothesis)이다. 연령이 증가할수록 불필요한 정보에 주의를 기울이지 않도록 하는 통제 활동을 담당하는 대뇌 전두엽 — 특히, 배외측 전전두피질(dorsolateral prefrontal cortex) — 의 기능이 감퇴하기 때문에 중요한 정보에 선택적으로 주의를 기울이지 못하게 된다. 즉, 불필요한 정보 혹은 과제와 관련 없는 정보에 대해 처리하려고 하는 경향성을 억제하지 못하여 한정된 주의 자원을 효율적으로 사용할 수 없게 된다.

마지막으로, 환경적인 요인도 노년기 정보처리 변화에 영향을 준다. 우리의 뇌는 계속해서 변화할 수 있는 가능성을 가지고 있는데(즉, 연령이 증가해도 뇌는 새로운 시냅스를 형성할 수 있다), 은퇴 후 더 이상 지적인 활동을 하지 않으면 뉴런들 간의 연결이 감소하면서 정보처리 능력이 저하된다.

정상적인 노화 과정에 의해 일어나는 신경계의 감퇴를 완전히 막을 수는 없다. 그러나 우리의 뇌는 가소성(plasticity)을 지니기 때문에 노년기에도 계속해서 지적인 활동을 유지하고 뇌를 사용하면 얼마든지 생물학적 노화의 부정적인 영향을 줄이고 일상의 활동들을 성공적으로 수행할 수 있다.

2) 기억의 변화

기억은 우리의 삶에 있어 매우 중요한 인지적 과정이며, 특히 개인의 정체성 및 사회적 관계를 유지하고 살아 있음을 느끼는 데에 꼭 필요하다. 그러나 기억하는 능력은 정상적인 노화 과정과 정보처리 능력 감퇴의 영향을 받기 때문에 연령이 증가할수록 저하된다. 게다가 뇌 손상을 입었을 경우에는 감퇴의 속도가 더욱 빠르다. 비록 연령이 증가할수록 기억 과제 수행이 저하되는 것은 사실이지만, 기억의 과정 및 여러 가지 기억들의 특징에 대해 잘 알고 노력한다면 기억력을 충분히 향상시킬 수 있으며, 감퇴로 인한 일상생활의 불편함을 극복할 수 있다(진영선, 김영경, 박선영, 2010).

(1) 기억의 종류와 특성

Goldstein(2010)에 의하면 기억은 자극, 이미지, 사건, 생각, 기술 등과 관련된 원래의 정보가 더 이상 존재하지 않을 때에도 그 정보를 유지하고 인출하고 사용하는 데 필요한 처리 과정이다. 즉, 어떤 일을 할 때마다 과거의 한 순간 혹은 개인 내의 정보 창고로 돌아가서 필요한 정보들을 현재로 불러와서 사용하고, 다른 정보들과 연결해 다시 저장하는 것과 관련된 능력이 바로 기억이다.

정보처리 과정과 마찬가지로 기억도 부호화, 저장, 인출의 단계를 거치는데, 기억은 이러한 처리 활동에 관여하는 하위 요소들로 구성되어 있다. Atkinson과 Shiffrin(1968)이 제시한 기억 모델에 의하면, 기억은 감각기억, 단기기억, 장기기억으로 구성되어 있다(그림 2.1).

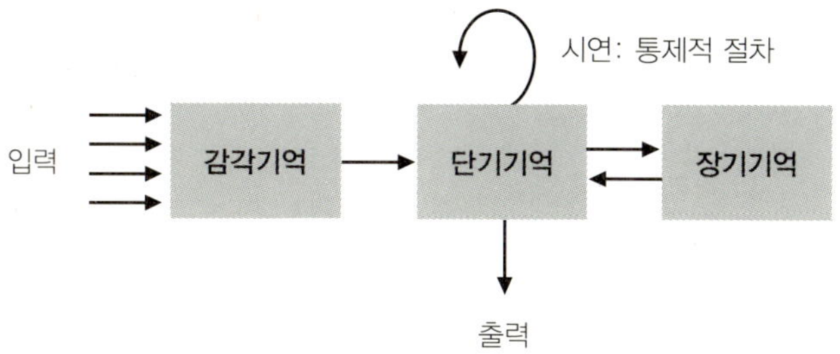

그림 2.1 Atkinson과 Shiffrin(1968)의 기억 모델
자료: Goldstein(2010)에서 수정 · 인용

감각기억(sensory memory)은 환경으로부터 수많은 정보들을 받아들여 원래의 감각 양식 그대로(예를 들어 빛은 시각 정보로, 소리는 청각 정보로) 1초도 되지 않는 아주 짧은 기간 동안 유지한다. 따라서 우리는 1초에 사진 24장이 재빨리 지나가는 영화 필름을 볼 때, 시각 이미지의 잔상이 짧은 시간 동안 유지되기 때문에 자연스러운 동영상을 본다고 느끼게 된다. 노년기가 되면 시력과 청력이 떨어져 지각 능력이 감퇴하긴 하지만, 이미 지각이 된 정보에 대해서는 청년과 마찬가지로 좋은 감각기억을 갖는다.

감각기억으로 들어온 정보들 중 선택적으로 주의를 기울인 정보들만이 단기기억에 저장되는데, 단기기억(short-term memory)은 한 번에 5~9개 정도의 항목들을 기억할 수 있다. 또한 단기기억은 정보들을 15~30초 정도만 유지할 수 있기 때문에 반복해서 암송하지 않으면 — 즉, 시연(rehearsal)과 같은 통제적 절차를 이용하지 않으면 — 정보는 단기기억에서 사라지고 망각이 일어난다. 연령에 따른 단기기억의 변화는 단기기억의 용량이 감소되는 형태로 나타나며, 단기기억의 용량은 숫자 폭(digit span) 검사로 확인할 수 있다. 일련의 숫자가 제시되면 차례대로 회상하면 되는데, 숫자 폭 검사는 시행이 거듭될수록 기억해야 할 숫자의 수가 증가한다. 정확히 회상하는 데 성공한 가장 긴 항목 세트가 단기기억의 용량이다. 즉, 숫자 9개를 다 외웠다면 단기기억의 용량은 9이다. 이러한 숫자 폭은 연령이 증가할수록 감퇴하기 때문에 청년과 노인의 수행을 비교하면 노인의 숫자 폭이 청년보다 더 짧다. 그러나 단기기억의 용량 감소 폭은 그다지 크지 않으며, 노년기에는 이보다는 정보를 조작하는 것과 관련된 작업기억의 변화가 더 두드러지게 나타난다(연령 증가에 따른 작업기억의 변화는 다음 절에 소개한다).

반복적인 암송에 의해 정보들은 단기기억에서 장기기억(long-term memory)으로 전환되는데, 장기기억은 수많은 정보들을 아주 오랜 시간 동안 저장할 수 있는 체계이다. 장기기억에는 개인의 생애 사건들과 관련된 정보들(일화기억) 및 세상에 대한 사실이나 지식(의미기억) 등이 저장된다. 그리고 여러 가지 습득된 기술들도 장기기억에 저장된다. 나이가 들수록 주로 장기기억에서 감퇴가 많이 일어나므로 다음 절에서 장기기억의 변화에 대해 자세히 소개하겠다.

(2) 연령 증가에 따른 기억의 변화

① 작업기억

노년기에는 정보를 단순히 유지하는 단기기억 능력보다는 정보를 능동적으로 조작하는 작업기억 능력에서 더 많은 감퇴가 일어난다. 작업기억(working memory)은 이해, 학습, 추론 등과 같은 복잡한 과제를 수행하기 위해 필요한 정보들을 일시적으로 유지하고 조작하는, 제한된 용량을 가지는 체계이다(Baddeley & Hitch, 1974). 작업기억 역시 단기기억과 마찬가지로 제한된 용량을 가지지만 정보를 유지할 뿐만 아니라 조작한다는 점에서 단기기억과 다르다. 연령이 증가할수록 작업기억 능력이 전반적으로 감퇴하는데, 특히 중앙집행부(central executive)의 효율성이 감소한다. 작업기억 중 이 하위 요소의 기능이 떨어지면 과제와 관련 없는 정보에도 주의를 기울이거나 정보를 갱신하지 못하고 목표에 맞게 행동을 조절하지 못하는 등의 증상을 나타낸다. 작업기억 중 중앙집행부의 집행 기능(executive function)을 측정하는 대표적인 검사로 위스콘신 카드 분류 검사(Wisconsin Card Sorting Task; WCST)가 있는데(그림 2.2), 노인은 청년에 비해 이 검사에서 오류를 많이 범하는 경향이 있다. 연령이 증가할수록 위스콘신 카드 분류 검사에서 소위 보속 오류(conservative error)라 불리는 실수를 더 많이 범한다. 즉, 이전에 틀렸다는 피드백을 받은 규칙에 따라 카드를 분류하려는 경향성을 더 많이 보인다. 이는 중앙집행부의 효율성이 감소하면서 과제 목표에 따라 행동을 조절하고 정보를 갱신하고 주의를 전환시키는 능력이 감퇴하기 때문에 나타나는 현상이다.

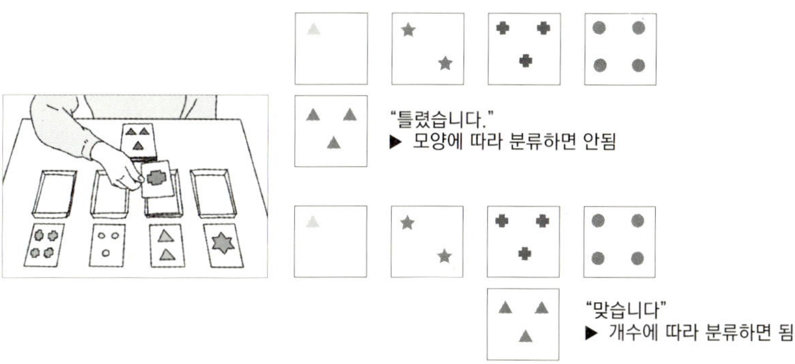

그림 2.2 위스콘신 카드 분류 검사의 예

피험자는 스스로 색깔, 모양, 개수 중 어느 한 가지 규칙을 이용하여 주어진 카드들을 분류해야 한다. 피험자가 특정 규칙을 이용하여 카드를 분류하였을 때, 실험자는 “맞습니다.” 또는 “틀렸습니다.”라는 피드백을 제공함으로써 피험자가 카드 분류 규칙을 추론하여 그 규칙에 따라 카드를 적절하게 분류할 수 있는지를 확인한다. 피험자는 실험자의 피드백을 통해 자신이 채택한 규칙의 정오 여부를 파악해야 하고, 지금 적용하고 있는 규칙이 무엇인지 기억해야 하며, 앞으로 어떤 규칙을 적용해야 할지를 예측하고 그에 맞게 행동을 조절할 수 있어야 한다. 위스콘신 카드 분류 검사는 작업기억 능력 및 집행 기능을 측정하는 데 유용하다.

자료: www.wikimedia.org, http://academic.uprm.edu에서 수정 · 인용

중앙집행부의 집행 기능 중 억제(inhibition) 기능과 관련된 또 다른 대표적인 과제는 스트룹 과제(Stroop task)이다. 이 과제에서 노인은 여러 가지 색깔의 잉크로 쓰인 색상 단어를 무작위로 보고 그 단어의 소릿값을 읽는 것이 아니라 글자가 인쇄된 잉크의 색상을 가능한 한 빨리 말해야 한다. 예를 들어, 파란색 잉크로 적힌 빨강이란 단어에 대해 자동화되어 있는 단어 읽기를 자제하고 파랑이라고 답해야 한다. 이는 쉽지 않은 과제인데, 오랜 경험을 통해 익숙해진 활동을 스스로 제어하고 과제의 요구를 지속적으로 작업기억 속에 유지하는 억제 기능을 얼마나 잘 수행하는가를 검증하기 위한 목적으로 사용된다. 연령이 증가할수록 스트룹 과제에서 단어를 읽으려고 하거나 잉크 색상을 느리게 명명하는 등의 반응을 더 많이 보이는데, 이는 노인들이 과제와 무관한 단어 읽기 경향성을 억제하는 데 어려움을 겪기 때문이다.

연령이 증가할수록 작업기억, 특히 중앙집행부의 효율성이 감퇴하여 집행 기능에 문제가 생기는 이유는 노화로 인해 집행 기능을 담당하는 전전두피질이 감퇴하기 때문이다. 그러나 뇌는 가소성을 지니고 있기 때문에 스트룹 과제와 같은 어려운 과제 역시 반복적인 훈련이나 연습을 통해 수행이 향상될 수 있다(Davidson et al., 2003).

② 장기기억

장기기억은 단기기억이나 작업기억에 비해 많은 양의 정보를 아주 오랜 기간 동안 유지할 수 있다. 장기기억은 개인의 정보 저장고라 볼 수 있는데, 여기에는 개인 생애의 일화적 경험들 및 사건들과 그동안 학습했던 사실 및 지식들이 저장되어 있다. 장기기억은 크게 두 종류로 나뉘며, 저장된 정보들의 유형에 따라 서술기억(declarative memory)과 비서술기억(non-declarative memory)으로 구분된다. 서술기억은 회상하거나 말로 쉽게 표현할 수 있는 외현기억(explicit memory)이다. 여기에는 개인이 삶 속에서 경험하는 여러 사건들에 관한 일화기억(episodic memory)과 객관적 사실 및 사실적 지식과 관련된 의미기억(semantic memory)이 포함된다. 반면, 비서술기억 혹은 암묵기억(implicit memory)은 의식적으로 회상하거나 말로 표현할 수는 없지만 분명히 행동에 영향을 주는 이전의 경험들에 대한 기억을 말한다. 특정한 활동을 수행하는 절차 혹은 특정한 기술과 관련된 기억인 절차기억(procedural memory), 그리고 이전에 경험을 했기 때문에 반응 속도가 빨라지거나 정확성이 증가하게 되는 반복적 점화(repetition priming) 등이 암묵기억에 해당한다.

연령이 증가하면 장기기억 역시 손상을 많이 받는데, 특히 일화기억이 크게 감퇴한다. 왜냐하면 장기기억으로 정보가 전이되기 전 작업기억 단계에서 효율성이 감소하기 때문에 새로운 정보나 경험들을 제대로 학습하거나 저장하기가 어렵기 때문이다. 일화기억의 감퇴는 '자유회상 검사(free recall task)'에서 잘 드러나는데, 노인은 청년에 비해 학습한 목록을 회상하는 데에 어려움을 더 많이 겪는다. 반면, 재인 검사(recognition task)에서는 연령에 따른 수행의 차이가 더 적게 나타난다. 이는 아무런 맥락 없이 스스로 학습 목록을 인출해 내야 하는 회상 검사에 비해서, 재인 검사는 보다 많은 맥락 단서들을 제공하기 때문이다.* 일화기억과는 달리 의미기억은 연령에 따른 감퇴가 비교적 적다. 이는 노인이 청년에 비해 여러 가지 사실이나 지식들을 더 많이 갖고 있기 때문인 것으로 보인다.

절차기억 역시 비교적 적게 감퇴한다. 연령이 증가해도 이전에 충분한 연습을 통해 잘 습득한 운동 기술들(예: 악기 연주, 자전거 타기, 수영 등)

* 재인 검사는 제시된 자극이 이전에 학습한 자극과 동일한 것인지 판단하도록 요구하는 반면, 회상 검사는 아무런 단서 없이 학습한 자극을 인출하도록 요구한다.

은 계속 유지된다. 물론 노인은 청년에 비해 새로운 절차적 지식을 습득하는 데 시간이 더 많이 걸리나 이전에 습득된 절차기억은 비교적 잘 유지된다. 유명한 음악인들이 노년기에 계속해서 음악 활동을 할 수 있는 것도 절차기억 때문이다. 절차기억은 정상 노인뿐만 아니라 기억상실증 환자에게서도 꽤 온전하게 유지된다. 간질을 치료하기 위해 해마와 주변 영역을 제거하는 수술을 받은 H. M.은 어떠한 절차도 의식적으로 기억하거나 학습할 수 없었지만(일화기억이 심각하게 손상되었지만), 이미 한 번 해본 적이 있는 절차에 대해서는 마치 기억하고 있듯이 수행이 점점 향상되는 모습을 보여 주었다(절차기억은 비교적 온전했다).

노년기가 되면 정보의 출처를 기억하는 데에도 어려움을 겪게 된다. 즉, 출처기억(source memory)이 감퇴한다. 따라서 정보 자체는 기억할 수 있지만 정보의 근원에 대해서는 정확하게 기억하지 못하는 경우가 생긴다. 또한 정보와 정보의 출처를 잘못 통합하여 엉뚱한 기억을 만들어 내는 오기억의 가능성도 증가한다. 노인의 출처기억의 정확성은 정보의 근원이 누구인가에 따라 달라진다. 자신이 직접 경험한 일에 대해서는 출처를 잘 기억하지만, 정보의 근원이 타인일 경우, 특히 친분이 전혀 없는 외부인일 경우에는 출처기억의 정확성이 매우 떨어진다(Rosa & Gutchess, 2011).

③ 자서전적 기억, 미래계획기억, 초기억

연령이 증가할수록 일화기억이 감퇴한다고 했는데, 일화기억 중에서 노인 자신과 직접적으로 관련이 있는 기억들은 어떨까? 자서전적 기억(autobiographical memory)이란 일반적인 지식, 공적인 사건들, 타인의 경험 등과 자신과의 관계에 대한 기억이며, 사건이 일어나는 시간, 장소, 상황 등의 맥락을 포함하면서 자아를 중심으로 구성된 개인의 인생사를 의미한다. 노년기에는 자서전적 기억 역시 감퇴를 보이는데, 주로 자서

전적 기억의 구체성이 감소하는 형태로 나타난다. 그러나 개인에게 매우 중요했던 특정 시기에 대한 자서전적 기억은 연령이 증가해도 잘 보존되는 경향이 있다. 이는 '회상 범프(reminiscence bump)' 현상 — 특정 시기, 예컨대 20대에 있었던 사건들에 대해서만 매우 구체적으로 잘 기억하는 것 — 을 통해 살펴볼 수 있다.

최근에 경험한 일을 기억하는 데에 어려움을 겪는 노인이 어떻게 해서 예전에 경험한 사건들에 대해서는 자세하게 기억할 수 있을까? 이에 대해 여러 가설들이 제기되었는데, 간략히 소개하면 다음과 같다. 인지적 가설(cognitive hypothesis)은 회상 범프가 나타나는 시기가 인지적 자원이 가장 풍부한 시기와 일치하기 때문에 보다 많은 기억들을 잘 저장할 수 있다고 설명한다. 자기-이미지 가설(self-image hypothesis)은 회상 범프가 나타나는 시기에 개인이 자기-이미지 또는 삶의 정체성을 확립했기 때문에 이 시기의 사건들을 보다 잘 기억할 수 있다고 설명한다(Rathbone, Moulin & Conway, 2008). 또한 회상 범프가 나타나는 시기는 개인에게 매우 중요한 시기였으므로 반복해서 떠올리고 말로 표현하면서 기억을 계속 유지할 수 있게 되었다고도 볼 수 있다.

개인의 정체성 및 대인 관계를 유지하고 일상생활을 영위하는 데 있어 개인의 일화적 경험들에 대한 기억도 중요하게 작용하지만, 해야 할 일들에 대한 기억도 매우 큰 영향을 미친다. 예를 들어, 식후에 약을 복용해야 한다는 것, 오후 3시에 손자를 데리러 나가야 한다는 것, 내일 며느리에게 중요한 서류를 전해 줘야 한다는 것 등 가까운 미래에 자신이 해야 할 일들에 대해 기억하는 것은 일상생활을 잘 유지하는 데뿐만 아니라 가까운 관계를 유지하는 데에도 매우 중요하다. 그러나 연령이 증가할수록 이러한 미래계획기억(prospective memory)이 손상되어, 무엇을 하려고 했었는지 자주 잊어버리게 된다. 미래계획기억은 크게 두 종류로 구분된다. 사건-의존 미래계획기억은 '저녁 식사 후에 친구 집을 방문할 것'과 같이 특정한 사건을 중심으로 어떠한 활동을 할 것을 기억하는 것과 관련이 있고 시간-의존 미래계획기억은 '저녁 7시에 친구를 만날 것'과 같이 특정한 시간에 무언가를 할 것을 기억하는 것과 관련된다. 연령이 증가할수록 시간-의존 미래계획기억의 손상이 특히 더 심각한데, 이는 해야 할 일에 대한 정보를 인출하기 위해 사용할 수 있는 맥락적인 단서가 없기 때문이다(반면, 사건-의존 미래계획기억의 경우에는 식후에 약을 복용해야 한다면 식사라는 사건이 하나의 단서가 될 수 있다).

비록 노년기에 미래계획기억이 감퇴하긴 하지만 외부의 도움이나 보조 도구를 사용함으로써 얼마든지 일상적인 활동을 잘 유지할 수 있다. 식후에 약 복용할 것을 메모해서 부엌 냉장고 문에 붙여 놓는 것, 큰 달력에 중요한 약속이나 기념일 등을 적어 두는 것, 휴대폰 알람 기능을 활용하는 것, 가족에게 알려 달라고 부탁하는 것 등은 미래계획기억 감퇴를 보완하는 좋은 전략이다.

그러나 이러한 외부 전략이나 보조 도구를 사용할 수 있으려면 본인의 기억 능력에 대해 스스로 적절하게 평가할 수 있어야 한다. 자신이 특정한 내용을 얼마나 오랫동안 정확하게 기억할 수 있을지에 대해 예측할 수 있어야 하고, 기억력을 향상시키기 위해 어떠한 노력을 기울여야 하는지를 파악할 수 있어야 보조 도구를 선택할지 말지를 결정할 수 있는데, 이러한 능력과 관련된 개념이 바로 초기억(metamemory)이다. 초기억은 기억 과정에 대한 지식 혹은 기억으로, 자신이 기억하고 있는 것에 대한 기억이다. 스스로의 기억 능력이 어느 정도인지, 무엇을 기억하고 있는지, 기억의 효율을 높이기 위해 어떤 노력을 기울이고 있는지, 혹은 추가적으로 필요한 노력이 무엇인지 등에 대해 아는 것이 바로 초기억이다.

이러한 기억 능력은 실제적인 기억 활동에도 매우 중요한 영향을 미치지만 개인의 자기효능감 유지에도 매우 중요하다. 만약 초기억이 잘 작동하지 않아서 개인의 기억 능력을 실제보다 지나치게 낮게 평가한다면 자기효능감이 떨어지고, 실제로 할 수 있는 것보다 더 낮은 수행을 보일 수 있다. 연령이 증가할수록 이러한 초기억 능력도 감퇴를 보인다. 따라서 노년기가 되면 스스로의 기억 능력에 대해 왜곡하여 생각하는 경우가 많은데, 이로 인해 실제 과제 수행이 감소하고 더더욱 왜곡된 평가가 지속되는 악순환이 발생하기도 한다. 비록 연령이 증가할수록 초기억이 감퇴하는 것은 사실이지만, 훈련이나 연습 혹은 외부의 도움을 통해서 기억력을 향상시킬 수 있다는 믿음을 가지고 노력의 효과에 대해 긍정적으로 생각하는 것이 노년기 기억력 향상에 매우 중요한 역할을 한다.

3) 기억력 향상시키기

노년기에 경험하게 되는 기억력 감퇴는 정상적인 노화 과정에서 누구나 겪는 현상으로, 생물학적인 퇴화에 가장 많은 영향을 받는다. 그러나 기억력 감퇴는 사회적 · 환경적 요인에도 영향을 받기 때문에 개인이 노력한다면 충분히 기억력을 향상시킬 수 있다. 기억력을 증진시키는 데 있어 제일 중요한 것은 개인의 신념과 태도이다. 비록 노년기에 기억력이 감퇴하긴 하지만 정상적인 노화 과정에 대해 잘 알고, 노력을 기울이면 기억력이 좋아질 수 있다는 믿음, 즉 스스로 기억력을 통제하고 관리할 수 있다는 믿음을 가질 필요가 있다. 이러한 신념이 없으면 기억력을 향상시키려고 노력하기보다는 자신의 능력을 잘못 평가하고 아무런 노력을 하지 않게 된다. 따라서 항상 스스로의 기억력을 개선시킬 수 있다는 태도로 모든 일에 임하는 것이 중요하다.

(1) 심리학적 원리의 적용 및 기억술의 활용

앞에서 살펴보았듯이, 우리의 단기기억과 작업기억은 능력이 제한된 체계이다. 우리는 짧은 시간 동안만 정보를 유지하고 조작할 수 있다. 따라서 시간이 흘러 정보가 소멸되기 전에 이 체계에 들어온 정보들을 장기기억 체계로 효율적으로 전이시키는 것이 매우 중요한데, 여기에는 충분한 시연이 필요하다. 시연(rehearsal)은 마음속으로 반복해서 암송하는 것으로, 단기기억의 정보들을 장기기억으로 전이시키는 것을 도와준다.

또한 단기기억과 작업기억에서 한 번에 다룰 수 있는 정보의 양도 제한되어 있기 때문에 최대한 많은 정보들을 효율적으로 다루려면 정보들을 몇 개의 덩어리로 만들어야 한다. 이때 사용되는 것이 바로 군집화(chunking)인데, 이는 낱개의 정보들을 서로 의미적 연관성이 높은 것들끼리 한 덩어리(군집, chunk)를 이루도록 묶는 것을 뜻한다. 예를 들어, 학습해야 할 단어 목록이 채송화, 강아지, 접시, 무궁화, 포크, 고양이, 코끼리, 장미, 컵이라고 하자. 이 단어들을 낱개로 외우기보다 채송화, 무궁화, 장미를 모아서 꽃이라는 군집을, 강아지, 고양이, 코끼리를 모아서 동물이라는 군집을, 그리고 접시, 포크, 컵을 모아서 주방식기라는 군집을 만들어 외우면 훨씬 더 인출하기 쉽고 — 인출이 쉬운 이유는 회상할 때 사용할 수 있는 의미 단서(예: 꽃, 동물, 주방식기)가 제공되기 때문이다 — 더 많은 양의 정보를 잘 기억할 수 있다. 따라서 어떠한 정보들이 제시되면 그 정보들을 의미 있는 덩어리로 만드는 연습을 하는 것이 좋다.

우리의 기억 체계에 입력된 정보들은 단순히 시간이 지남에 따라 잊히기도 하지만, 입력된 정보들 간에 간섭이 일어나서 망각되기도 한다. 간섭에는 두 종류가 있다. 순행간섭(proactive interference)은 이전에 학습한 정보 때문에 새로운 정보를 학습하는 데 문제가 발생하는 경우이다. 반면, 역행간섭(retroactive interference)은 새로 학습한 정보로 인해 이전에 학습한 정보의 회상이 어려운 경우에 해당한다. 따라서 간섭을 줄이기 위해 날짜를 서로 달리해서 학습을 하거나 중요한 일이 있을 때에는 그와 관련된 정보들을 바로 직전에 학습하는 것이 좋다. 또한 간섭 이론은 노인에게 정보를 제시할 때에도 적용될 수 있다. 제시되는 정보가 많을 때, 우리는 처음에 제시된 몇 개의 정보와 제일 마지막에 제시된 몇 개의 정보를 가장 잘 기억한다. 왜냐하면 학습 목록의 중간에 있는 정보들은 순행간섭과 역행간섭에 의해 망각되기가 쉽기 때문이다. 따라서 노인에게 정보를 제시할 때 제일 중요한 정보는 목록의 처음과 마지막에 제시하여 노인이 잘 기억할 수 있도록 돕는 것이 좋다.

정보를 입력할 때 깊은 수준에서 처리하는 것도 기억력 증진에 매우 큰 도움이 된다. 주어진 정보에 개인적인 의미를 부여하거나 이전에 겪었던 경험과 연관 지으면 그 정보를 깊게 처리하게 되기 때문에 더욱 효율적으로 저장할 수 있다. 앞서 출처기억의 변화를 소개하였는데, 노인의 경우 출처기억이 감퇴하긴 하지만 정보의 근원이 자신인 경우에는 정보의 출처를 잘 기억한다. 따라서 정보를 학습할 때에는 항상 스스로의 경험과 연결 짓는 연습을 하는 것이 좋다(진영선, 김영경, 2011).

또한 학습 환경과 정보를 인출해 내는 환경을 동일하게 하는 것도 기억력을 증진시키는 데 도움이 된다. 정보를 입력할 때 존재했던 환경적 맥락들이 인출할 때에도 존재한다면 그 맥락들을 인출 단서로 사용할 수 있기 때문에 정보를 기억하기가 용이해진다.

이와 같이 기억과 관련된 심리학적 원리들을 이용하여 기억력을 증진시키는 방법도 있지만 기억술을 활용하여 보다 직접적으로 기억력을 향상시킬 수도 있다. 시각적 심상을 활용하는 것이 바로 그 예이다. 언어적으로 제시되는 정보를 시각적 심상을 활용하여 기억한다면 언어 부호와 심상 부호 두 개를 모두 활용하기 때문에 더욱 효율적으로 기억할 수 있다. 시각적 심상을 형성하는 가장 대표적인 방법 중 하나는 연결법(link method)이다. 이 방법은 기억해야 할 항목들이 서로 연결될 수 있도록 심상을 형성하는 것으로, 특이하게 심상을 형성할수록 기억에 도움이 된다(곽호완, 박창호, 이태연, 김문수, 진영선, 2008). 예를 들면 마트에 가서 커피믹스, 종이컵, 휴지를 사야 한다면 각 항목들을 따로따로 외우기보다는 자신이 좋아하는 배우가 커피믹스를 종이컵에 타서 마시다가 커피를 쏟아서 휴지로 닦는 모습을 상상하는 것이 기억에 도움이 된다.

장소법(method of loci)은 기억해야 할 항목들을 개인에게 익숙한 길이나 장소에 배치하여 상상하는 방법이다. 예를 들어 집에 있는 장소를 기억 항목의 수만큼 떠올린 다음 한 위치에서 다음 위치로 움직이는 경로가 분명하도록(예: 현관에서 거실, 그리고 부엌을 거쳐 침실로 가는 것처럼) 순서를 정한다. 그리고는 기억해야 하는 각 항목들이 그 위치에 있다고(예: 기억해야 할 항목이 열쇠라면 현관문에 열쇠가 꽂혀 있다고, 시계라면 시계가 거실 벽에 걸려 있다고) 상상하는 것이다.

(2) 기억력 향상을 위한 또 다른 노력

기억력을 향상시키기 위해서 심리학적 원리들을 이용하고 기억술을 활용하는 것도 필요하지만 스스로의 기억 능력에 대해 적절하게 평가하고, 필요할 때 보조 도구를 사용하는 것도 매우 중요하다. 중요한 약속이나 기념일은 반드시 큰 달력에 메모해 두고 휴대폰 알람 기능을 적극 활용하며 가족에게 알려 달라고 미리 부탁하는 등의 노력은 기억력 감퇴를 보완하면서 일상생활을 잘 영위할 수 있도록 하는 데에 필수적이다. 숙면을 취하는 것도 기억력 향상에 도움이 된다. 연령이 증가할수록 기억에 중요한 역할을 하는 깊은 수면의 양이 감소하긴 하지만, 수면을 방해하는 여러 습관들이나 요인들(예: 과도한 카페인 섭취, 흡연, 침실의 조명, 소음, 잠드는 시간 등)을 개선함으로써 수면의 질을 높일 수 있다. 지속적인 신체적 · 인지적 활동 역시 기억력 향상에 좋은 영향을 미친다. 우리의 뇌는 가소성을 지니고 있기 때문에 계속해서 사용하면 얼마든지 새로운 신경 연결들을 형성할 수 있다. 따라서 혼자 가만히 집 안에서 지내기보다는 다른 노인들과 함께 운동도 하고 장기나 바둑을 두거나 문화센터나 평생교육원에 가서 여러 가지 공부를 해 보는 등 끊임없이 뇌를 사용하는 것이 좋다. 긍정적인 기분 상태를 유지하는 것도 기억력 향상에 도움이 된다. Ellen Peters와 동료들(2013)은 노인을 대상으로 실험을 한 결과, 감사하다는 말과 함께 사탕 바구니를 받은 노인 집단이 그렇지 않은 집단에 비해 의사결정 기술이나 작업기억 과제에서 더 나은 수행을 보였다고 밝혔다. 따라서 긍정적인 정서 상태에서 학습을 할 수 있도록 노력하는 것 역시 기억력 감퇴를 막는 데 도움이 된다고 볼 수 있다.

그림 2.3 일상적인 기억력 보조 전략
잘 보이는 곳에 메모를 하거나 메모를 붙여 두는 것은 기억력 감퇴를 보조하는 좋은 방법이다.

2. 지능의 변화

노년기에 나타나는 인지적 변화 중 가장 두드러지게 나타나는 것이 기억이긴 하지만, 기억의 변화가 유일한 인지적 변화는 아니다. 왜냐하면 연령이 증가할수록 전반적인 인지 저하가 나타나기 때문이다. 이 절에서는 지능이 무엇인지에 대해 소개하고 연령이 증가함에 따라 지능이 어떻게 변화하는지, 그리고 성공적이고 적응적인 삶에 필요한 지혜 및 창의성이 연령에 따라 어떻게 변화하는지에 대해서 소개하겠다.

1) 지능이란 무엇인가

지능(intelligence)이란 무엇인가? 우선 지능은 추상적인 사고, 복잡한 생각에 대한 이해, 자기-인식, 의사소통, 추론, 경험에 의한 학습, 정서 지식의 습득 및 유지, 계획 및 문제 해결 등을 가능하게 해 주는 매우 일반적인(혹은 전반적인) 능력이라 볼 수 있다. 비록 지능이 상당히 광범위한 능력을 뜻하긴 하지만, 개인 내에서도 상황이나 영역에 따라 지적 수행의 정도가 매우 다양하게 나타난다. 따라서 지능을 한 문장으로 완벽하게 정의하기는 매우 어렵다. 지능에 대한 정의는 학자들마다 지능을 무엇으로 보느냐에 따라 견해가 다르다. [표 2.1]은 지능에 대한 학자들의 다양한 견해를 간략히 소개하고 있는데, 요약하자면 지능은 학습능력, 환경이나 새로운 상황과 문제에 적응하는 능력, 그리고 추상적인 사고능력이라 볼 수 있다.

전통적인 심리측정적 관점에서의 지능은 일상의 장면이나 맥락을 고려하지 않았다는 비판을 받는다. 이후에 제안된 Sternberg(1985)의 지능이론은 실용적 지능(practical intelligence) — 개인이 일상생활 속에서 얼마나 잘 기능하는가와 관련 있는 능력 — 의 필요성을 강조하고 있다. Sternberg는 지능의 3차원 모형을 제안하였는데, 3차원은 정보처리 요소, 경험적 요소, 맥락적 요소로 이루어져 있다. 정보처리 요소는 정보처리의 효율성을 결정하는 하위 능력들이고, 경험적 요소는 새로운 과제를 해결할 때 경험이나 학습을 통해서 알고 있는 것을 적용하는 통찰력 및 창의력과 관련 있는 능력들이다. 그리고 맥락적 요소는 과제를 해결하기 위해 환경을 변화시키거나 새로운 환경을 선택하거나 자신을 변화시키는 것과 관련된 능력들을 포함한다. 이러한 세 요소들이 균형을 이루어 사회문화적 상황 속에서 개인적인 기준에 따라 성공적인 삶을 획득할 수 있게 되는 것을 성공지능이라 한다(Sternberg, 1999).

표 2.1 지능에 대한 다양한 견해

학자	지능에 대한 정의
Binet	개인이 환경에 적응하기 위해 가지고 있는 "합리적이고, 실용적이며, 자기 주도적인" 능력
Wechsler	개인이 목적에 맞게 활동하고 합리적으로 사고하며, 자신을 둘러싼 환경을 효과적으로 처리해 나가는 종합적 · 총체적인 노력
Gardner	개인이 가지고 있는 문제 해결 기술들, 그리고 새로운 문제를 발견하고 새로운 지식을 습득하는 것과 관련된 잠재력
Sternberg	목표 지향적인 적응 행동
Thorndike	진실이나 사실의 관점에서 올바른 반응을 할 수 있는 능력
Terman	추상적인 사고를 할 수 있는 능력
Peterson	복잡한 자극들을 결합해서 통합된 행동으로 나타낼 수 있는 생리적인 기제
Thurstone	본능적인 적응을 제어할 수 있는 능력, 제어된 본능적인 적응을 시행착오를 통해 재정의할 수 있는 능력, 사회적 동물로서의 개인적인 이익을 위해 수정된 본능적 적응을 외현적인 행동으로 실현시킬 수 있는 능력
Woodrow	능력을 획득할 수 있는 능력
Dearborn	학습 능력 또는 경험을 유익하게 활용할 수 있는 능력

자료: 김정희(2004)에서 수정 · 인용

2) 지능과 연령의 관계

성인기 지능의 변화는 지능의 종류에 따라 그 양상이 다르게 나타난다. 선천적으로 타고나며 귀납적 추리, 공간지각 능력 등을 포함하는 유동성 지능(fluid intelligence)은 성인 초기에 절정에 이르렀다가 그 이후부터는 꾸준히 감퇴한다. 유동성 지능이 감퇴하는 이유는 자연적인 노화 과정에 의해 신경계의 기능이 감퇴하기 때문이다. 반면 학습이나 교육, 경험 등에 의해 축적된 지식과 관련된 결정성 지능(crystallized intelligence)은 연령이 증가해도 어느 정도 계속 유지되거나 발전하는 경향이 있다(그림 2.4). 이는 교육이나 경험을 통해 새로운 정보를 습득하는 비율이 이전에 학습한 정보를 망각하는 비율을 능가하기 때문이다. 따라서 노년기에도 결정성 지능은 교육이나 훈련을 통해 발전할 수 있다. 그러나 정보의 습득률보다 망각률이 더 높아지는 시기가 되면 결정성 지능 역시 서서히 감퇴한다.

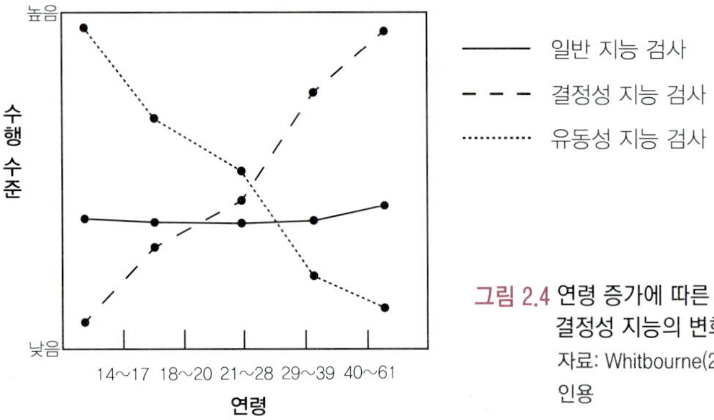

그림 2.4 연령 증가에 따른 유동성 지능과 결정성 지능의 변화
자료: Whitbourne(2004)에서 수정 · 인용

동작성 지능인가 언어성 지능인가에 따라서도 감퇴의 패턴이 달라지는데, 동작성 지능은 유동성 지능과, 언어성 지능은 결정성 지능과 유사한 경향성을 보인다(그림 2.5). 비록 연령이 증가하면서 유동성 지능이나 동작성 지능이 감퇴하는 것은 사실이지만 연습이나 반복적인 훈련에 의해서 유동성 지능이 향상될 수 있음(그림 2.6)을 보여 준 연구도 있다(Hofland, Willis & Baltes, 1980). 따라서 도형 맞추기(혹은 웩슬러 지능 검사의 토막 짜기), 귀납적 추리 등의 활동을 꾸준히 연습하면 유동성 지능의 감퇴를 보완하면서도 지적 기능을 증진시키는 데 도움이 될 것이라 예측할 수 있다.

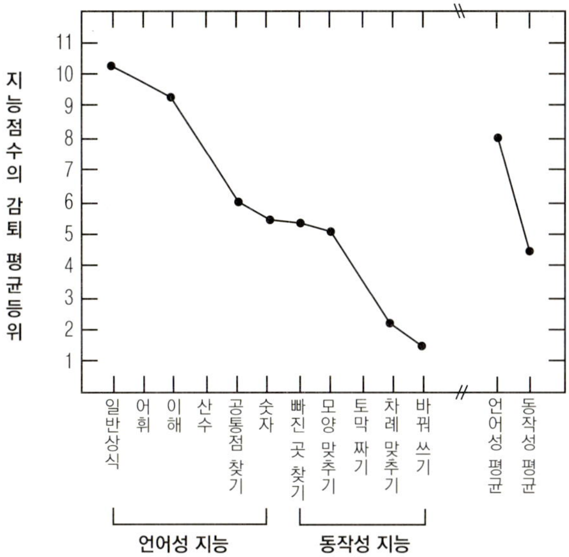

그림 2.5 언어성 지능과 동작성 지능의 감퇴 차이
자료: 김애순(2006)에서 수정 · 인용

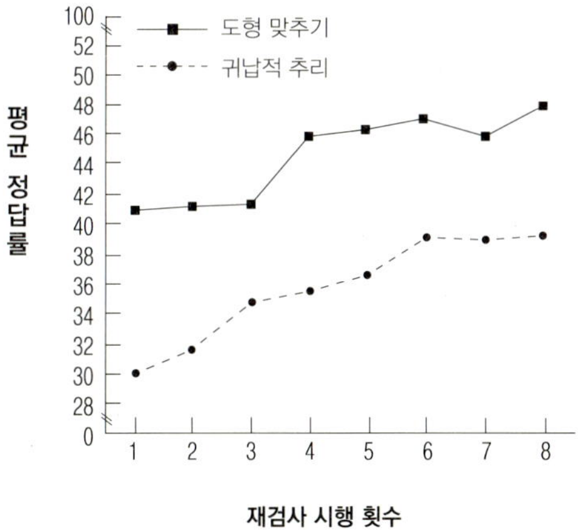

그림 2.6 유동성 지능의 신축성
자료: 김애순(2006)에서 수정 · 인용

연령이 증가할수록 지능이 감퇴하는 것은 사실이다. 그러나 지능의 감퇴는 생물학적인 노화뿐만 아니라 다양한 요인들에 영향을 받는다. 대표적인 예로 교육 수준을 들 수 있다. 환경, 경험 등에 의해 학습되는 능력인 결정성 지능은 교육이나 훈련에 의해 얼마든지 계발할 수 있으며, 학습되지 않고 선천적으로 타고나는 능력인 유동성 지능조차도 훈련이나 연습에 의해 개선될 수 있다. 유동성 지능의 변화 가능성은 지적 능력을 측정하는 과제가 얼마나 개인에게 익숙한 것이냐에 따라 달라진다. 노인이라 하더라도 많은 경험과 훈련을 통해 고도로 숙련된 기술을 가지고 있는 과제에 대해서는 연습을 통해 더욱 발전할 수 있다. 그러나 빠른 속도를 요구하면서 낯선 비언어적 과제를 수행할 경우, 신축성은 감소한다. 따라서 노년기에 친숙하고 속도를 요구하지 않는 과제들을 반복적으로 연습하면 유동성 지능을 유지하거나 발전시킬 수 있다. 교육수준, 훈련 및 과제 특성 외에도 신체적 · 정서적 건강이 지능에 긍정적인 영향을 줄 수 있다. 신체적으로 건강하고 혈액순환이 잘되면 뇌로 가는 산소량이 증가하기 때문에 인지적 활동에 도움을 줄 수 있다. 그리고 긍정적인 정서 상태를 유지하는 것도 학습을 촉진하기 때문에 노년기에 지속적으로 신체적 활동 및 사회적 활동을 유지하는 것이 지능 수준을 유지하는 데 도움이 된다.

3) 지능과 지혜

연령이 증가할수록 전반적인 기억력과 신경계의 기능과 관련된 유동성 지능은 감퇴하지만 삶의 문제를 해결하는 데 필요한 지혜는 오히려 더욱 확대되고 풍성해진다. 오랜 경험과 삶의 연륜 덕분에 노년기에는 삶의 여러 가지 갈등 상황들을 지혜롭게 잘 해결하고 자녀들에게 조언을 해 주는 등 풍요로운 인생을 살아갈 수 있게 된다.

노년기가 되면 사람들은 인지적인 노력을 요하는 과제보다는 개인적인 즐거움이나 관계를 추구하는 등의 삶의 문제를 해결하기 위한 과제에 관심을 더 많이 가지게 되는데, Baltes는 이러한 관심의 변화를 지능의 실용성(pragmatics of intelligence)으로의 이동으로 보았다. 실용적 지능은 실제 삶의 문제를 해결하는 능력을 뜻한다. 부모의 이혼 때문에 힘들어하는 손녀가 문제를 해결하도록 도와주는 것, 회사의 위기를 극복하는 것, 은퇴 후에 따뜻한 지역으로 이사할 것인지에 대한 결정을 내리는 것 등이 실용적 지능을 요구하는 실생활의 문제들이다. 지혜는 이러한 문제들을 잘 해결하는 데 필요한 능력이므로 Baltes는 지혜가 지능의 구성요소이며(Blanchard-Fields, Brannan & Camp, 1987), 실제 삶에 적용할 수 있는 전문적인 지식의 특별한 형태라고 보았다(Staudinger, Smith & Baltes, 1993). 그러나 연령이 증가한다고 해서 지혜가 반드시 발달하거나 확대되지는 않는다. 지혜의 발달에는 연령뿐만 아니라 경험에의 개방성, 타인의 행복에 대한 관심, 훈련 등이 중요한 영향을 미친다.

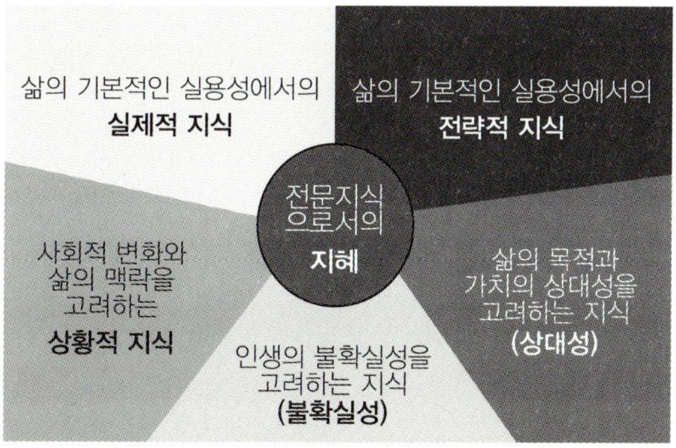

그림 2.7 Baltes가 제안한 지혜의 다섯 가지 준거
자료: 정옥분(2001)에서 수정 · 인용

3. 치매

우리는 노년기로 접어들면서 기억력과 사고 능력에 있어 약간의 변화를 경험한다. 자동차 열쇠를 어디에 두었는지 깜빡하거나 누군가의 이름을 잊어버리는 일이 가끔 발생한다. 그러나 이러한 변화는 정상적인 노화 과정에서 흔히 경험할 수 있는 현상이므로 크게 걱정할 필요는 없다. 반면, 익숙한 장소에서 길을 잃어버리거나 항상 다니던 길을 기억할 수 없고, 가스레인지의 불을 끄는 것을 계속 잊어버려 화재의 위험을 초래한다거나, 최근에 나눈 대화의 내용을 전혀 기억할 수 없는 경우에는 심각한 문제, 즉 알츠하이머병이나 다른 노인성 치매 질환을 겪고 있을 가능성이 있다. 통계청 자료에 의하면 2005년도에 65세 이상 노인이 약 420만 명이었고 치매노인은 약 35만 명으로, 치매 유병률이 8.3%였다. 보건복지부 자료에 의하면 2012년에는 치매 유병률이 약 9.08%이며, 인구 증가율을 고려할 때, 2030년에는 약 9.61%, 2040년에는 약 11.21%, 그리고 2050년에는 약 13.17%에 달할 것이라 추측할 수 있다. 노인 치매 환자가 증가하면서 가족의 부양 부담, 복지 문제 등이 중요한 사회적 이슈로 대두되었고, 치매에 대한 연구도 많이 진행되고 있다.

1) 치매란 무엇인가

치매는 뇌 손상에 의한 사고, 기억, 추론과 같은 인지적 기능의 상실로 인해 일상생활의 활동에 심각한 문제가 생기는 정신장애이다. 치매는 증상의 심각성에 따라 경미한 단계에서부터 매우 심각한 단계까지 다양하게 나타난다. 즉, 개인의 기능에 조금씩 문제가 생기기 시작하는 단계에서부터 아주 기본적인 신체적 · 인지적 활동조차 타인에게 의존해야 하는 단계에 이르기까지 진행되기도 한다. 정신장애의 진단 및 통계 편람

(Diagnostic and Statistical Manual of Mental Disorders-4; DSM-4)에서는 복합적인 인지 결손, 즉 기억장애와 인지장애 — 실어증, 실행증, 실인증, 실행 기능의 장애 중 1개 또는 그 이상 — 가 나타나고, 사회적 기능에 심각한 장애가 있으며 병전의 기능 수준보다 상당히 감퇴되어 있을 때 치매라 진단한다. 치매 환자들은 새로운 정보에 대해 학습할 수 없거나 병전에 학습한 정보를 회상하는 데 어려움을 겪는다. 그리고 사람과 사물의 이름을 말하는 것, 사물을 인지하거나 의미를 파악하는 것, 운동 활동을 수행하는 것에 문제를 보인다. 또한 행동을 계획, 조정하는 능력과 정보를 유지하는 능력 및 추상적으로 사고하는 능력이 심각하게 저하되기도 한다. 치매는 대체로 노년기에 발생하며, 85세 이상에서는 유병률이 급격하게 증가한다.

치매의 주요한 증상들은 뇌세포의 손상에 의해 생기는데, 뇌세포가 손상되는 원인이 다양하기 때문에 원인에 따라 치매의 종류가 구분된다. 노년기에 발생하는 치매 중 가장 주된 것이 알츠하이머형 치매이고(노인성 치매의 약 55%를 차지함), 그 외에도 혈관성 치매, 파킨슨병이나 헌팅턴병에 의한 치매, 뇌 손상에 의한 치매, 물질에 의한 치매 등이 있다.

알츠하이머형 치매(dementia of the Alzheimer's type)는 뇌세포의 점진적 손상으로 인해 학습과 기억 능력을 포함한 여러 가지 인지적 문제가 서서히 발생하여 점차 악화되는 장애이다. 생각, 기억, 언어를 통제하는 뇌의 영역이 손상되기 시작하면서 최근에 일어난 일 또는 최근에 만난 사람의 이름을 기억하는 데 문제가 생긴다. 시간이 지날수록 증상이 더욱 심해져 가족을 못 알아보게 되고, 읽고 말하고 쓰는 능력에도 문제가 생긴다. 게다가 불안이 증가하고 공격성이 높아져 여러 가지 행동적인 문제를 일으키기 때문에 돌보는 가족에게 고통을 준다. 현재 증상을 완전히 차단하는 치료법은 없으며, 단지 약물로 일정 기간 동안 증상의 악화를 지연시키는 정도로만 치료가 이루어지고 있다.

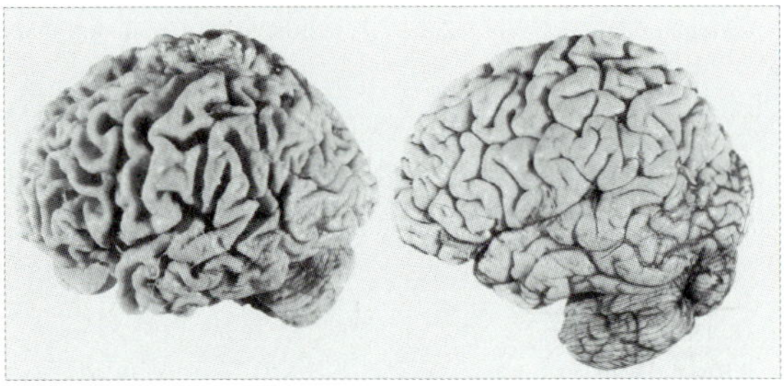

그림 2.8 알츠하이머 환자의 뇌(좌)와 정상인의 뇌(우)
전체적으로 뇌가 위축되어 부피가 줄어들어 있음을 알 수 있다.
자료: 김문수 등(2006)에서 인용

혈관성 치매(vascular dementia)는 다른 치매와 달리 뇌 손상의 원인이 분명한 장애로, 뇌혈관 질환으로 인해 뇌조직 및 뇌세포에 손상이 생긴 경우이다. 혈관성 치매는 뇌혈관이 막혀 발생하는 허혈성 혈관성 치매와, 뇌혈관이 터져서 생기는 출혈성 혈관성 치매로 구분된다. 점진적으로 진행되는 알츠하이머형 치매와는 달리 혈관성 치매는 갑자기 발병하여 매우 빠르게 발전하는 경우가 많으며, 초기부터 한쪽 마비, 구음 장애, 안면 마비, 시야 장애, 보행 장애 등의 신경학적 증상을 동반하는 경우가 많다. 그러나 혈관성 치매는 뇌혈관 질환의 위험 요인들을 최소화하면 예방될 수 있다. 즉, 고혈압, 흡연, 심근경색, 심방세동, 당뇨병, 콜레스테롤 과잉, 비만 등의 문제를 해결하기 위해 식습관과 생활습관을 개선하고 건강관리를 위해 노력한다면 뇌혈관 질환을 줄일 수 있을 뿐만 아니라 혈관성 치매까지도 예방할 수 있다.

파킨슨병(Parkinson's disease)에 의해서도 치매가 발생할 수 있다. 파킨슨병은 기저핵과 대뇌피질의 활동을 조절하는 뇌간 내 도파민 뉴런이 점차 소실되어 운동 기능 및 통제에 장애가 생기는 신경성 질환이다(정확한 원인은 아직 밝혀지지 않았다). 근육 경직과 근육 떨림 및 자세 불안정성이 주된 특징이며, 움직임을 시작하는 데 어려움을 겪는다. 파킨슨병에 의한 치매의 경우, 기술 학습, 행동 수행, 기억된 내용의 회상 등에 장애가 나타난다.

파킨슨병과 마찬가지로 헌팅턴병(Huntington's disease)도 치매를 유발할 수 있다. 헌팅턴 유전자가 비정상적으로 변하는 유전성 질환인 헌팅턴병은 마치 춤을 추는 듯한 신체의 비틀거림 때문에 무도병이라고도 불린다. 안면 경련과 함께 시작된 운동 증상이 나중에는 신체 다른 부위까지 퍼져서 온몸이 비틀거리는 것이 주된 증상이다. 헌팅턴병에 의한 치매 환자는 기억 회상, 행동 수행, 판단, 운동기술 학습 등에 어려움을 겪으며, 혼란된 언어와 정신병적 증상을 나타내기도 한다.

이 외에도 사고나 외부 충격으로 인해 생긴 뇌 손상에 의해 치매 증상이 발생할 수 있다. 손상당한 뇌 부위와 범위에 따라 증상이 다르지만, 주로 기억상실 및 기억력 장애가 나타나며 실어증, 주의집중 문제, 신경질, 불안, 우울, 변덕, 공격성, 성격 변화 등이 나타나기도 한다(권석만, 2000). 또한 치매는 알코올, 최면제와 같은 중독성 물질, 항경련제와 같은 일부 치료약물, 납, 수은 등과 같은 독성 물질 등에 의해 유발되기도 한다. 물질 복용을 중단한 후에도 치매 증상이 지속될 수 있기 때문에 물질에 의한 지속성 치매라고 부른다.

치매는 유형에 따라 치료가 가능한 것도 있고 아직까지 불가능한 것도 있다. 치매의 원인이 분명한 혈관성 치매의 경우에는 수술을 통해 뇌 손상 부위를 제거함으로써 증상을 호전시킬 수 있다. 물질에 의한 치매나 다른 질병에 의한 치매는 그 질병 자체를 치료하면 치매 증상이 호전되는 경우가 많다. 그러나 알츠하이머형 치매와 같이 증상의 원인이 분명하지 않은 경우에는 완전한 치료가 불가능하며, 약물을 통해 일시적으로 증상의 악화를 지연시킬 수 있을 뿐이다. 따라서 무엇보다도 예방이 중요하며, 질환에 대해 바로 알고 생활습관을 개선함으로써 미리 건강을 관리하는 것이 제일 좋은 예방법이다.

2) 알츠하이머형 치매

알츠하이머형 치매는 노년기에 가장 흔히 나타나는 치매로, 경미한 건망증에서 시작하여 점진적으로 증상이 악화되는 진행성 질환이다. 주로 후반에는 심각한 기억장애를 보이며 혼란스러움, 우울, 불안, 환각, 망상, 불면 증상 등을 동반하기도 한다. DSM-4에 의하면 기억 장해가 나타나며, 실어증, 실행증, 실인증, 실행 기능의 장애 중 한 가지 이상의 인지장애가 나타날 때, 그리고 이러한 장애가 일상생활의 적응에 심각하게 지장을 초래할 때 알츠하이머형 치매로 진단된다.

알츠하이머형 치매는 발병하기 전에 다음과 같이 여러 가지 징조를 보인다. 물건을 둔 장소를 잊거나 길을 잃어버리는 빈도가 늘어나는 것이 알츠하이머형 치매의 초기 징조이다. 경도 인지장애(mild cognitive impairment; MCI) 역시 알츠하이머형 치매의 초기 징조가 될 수 있다. 경도 인지장애 환자들의 경우에 혼자서도 일상적인 활동들을 잘 수행하지만 약간의 기억 문제들을 나타낸다. 가끔씩 물건을 잃어버리거나 사건 또는 약속을 깜빡하기도 한다. 동년배에 비해 단어들을 생각해 내는 데 어려움을 더 겪는 것도 경도 인지장애의 증상에 해당한다. 모든 경도 인지장애가 알츠하이머형 치매로 진행되는 것은 아니지만, 경도 인지장애 환자인 경우에는 6개월이나 1년 단위로 계속 검사를 받아 증상의 진행 정도를 지켜보고 미리 대책을 세우는 것이 좋다.

노년기가 되면 일상생활에서 가끔 무언가를 깜빡하는 경우가 생기기 때문에 많은 사람들이 알츠하이머형 치매에 대해 걱정을 하게 된다. 그러나 어떤 일을 잠깐 잊는 것은 정상적인 노화 과정에서도 일어날 수 있는 자연스러운 현상이다. 그렇다면 정상적인 노화와 알츠하이머형 치매의 증상은 어떻게 다를까? 알츠하이머형 치매의 경우, 정상인에 비해 증상의 빈도나 정도가 훨씬 더 심각하다. 예를 들어, 정상 노인은 한 번씩 잘못된 결정을 내릴 때가 있다면, 알츠하이머 환자는 잘못된 결정을 내리는 빈도가 매우 높다. 정상 노인은 오늘이 며칠인지 잊었다가 금방 기억해 내지만, 알츠하이머 환자는 날짜나 시간에 대한 개념을 상실한다. 그리고 대부분의 노인은 가끔씩 물건을 어디에 뒀는지 깜빡하지만 알츠하이머 환자는 자주 잊어버릴 뿐만 아니라 끝내 물건을 찾지 못한다.

〈알츠하이머형 치매의 초기 징조〉

- 사물을 잘 기억하지 못함
- 같은 질문을 반복함
- 요금을 지불하거나 간단한 수학 문제를 푸는 데에도 어려움을 겪음
- 길을 잃어버림
- 물건을 둔 곳을 잘 잊어버리거나 엉뚱한 곳에 물건을 둠

〈알츠하이머형 치매의 후기 징조〉

- 양치질하는 방법이나 머리 빗는 방법을 잊어버림
- 시간, 사람 또는 장소에 대해 혼란스러운 감정을 느낌(가족이나 친구를 못 알아봄)
- 책상, 집, 사과와 같이 매우 친숙한 사물의 이름조차 잊어버림
- 집 근처에서 길을 잃어버리거나 방황함

(1) 알츠하이머형 치매 환자의 작업기억과 장기기억

알츠하이머 환자들은 정상 노인에 비해 단기기억 능력이 저하되고, 병이 진행될수록 환자의 숫자 폭이 더욱 감소한다. 알츠하이머 환자들은 작업기억 능력의 결함도 나타내는데, 특히 중앙집행부의 기능이 저하되어 복잡한 인지적 과제를 수행할 때 어려움을 겪는다(McGuinness, Barrett, Craig, Lawson & Passmore, 2010). 예를 들어, 하노이의 탑 과제와 같이 목표를 달성하기 위해 여러 단계의 하위 목표들을 달성하면서, 계속해서 최종 목표 및 이전의 수행을 기억해야 하는 복잡한 인지 과제를 할 때, 알츠하이머형 치매 환자들은 어려움을 겪는다. 왜냐하면 하노이의 탑 과제가 중앙집행부의 통제 및 조정 기능이 매우 중요하게 작용하는 과제이기 때문이다. 작업기억의 또 다른 요소인 일화적 완충기(episodic buffer)의 기능 역시 저하되는데, 여기서는 다양한 정보들을 통합하여 장기기억에 일화의 형태로 저장하고, 장기기억으로부터 정보

를 불러와서 현재의 경험과 통합하는 역할을 한다. 이러한 구조가 제대로 작동하지 않게 되면 여러 가지 정보(예: 물체 자체에 대한 정보와 물체의 위치)를 연결해서 기억해야 하는 경우, 환자들이 어려움을 겪는다(Kessels, Meulenbroek, Fernández & Olde Rikkert, 2010).

경도 인지장애 환자를 포함한 알츠하이머 환자의 가장 큰 인지적 결손은 장기기억, 특히 일화기억에서 나타난다. 즉, 최근에 경험한 사건들에 대해 부호화, 저장 및 인출하는 능력이 모두 감퇴한다. 과제를 해결하는 데 필요했던 일련의 행동들을 일화기억으로 저장하거나 사용할 수 없기 때문에 늘 새롭게 시행착오를 겪으며 과제를 해결하게 된다. 그러나 장기기억 중 절차기억은 비교적 손상이 덜 된다. 따라서 이전에 했던 일련의 행동들에 대한 정보를 회상하여 과제 해결에 유용하게 사용할 수는 없지만 과제를 해결하는 수행 자체는 비교적 온전하다(Beaunieux, Eustache, Busson, de la Sayette, Viader & Desgranges, 2012). 알츠하이머 환자들의 경우 의미기억에도 문제를 보이는데, 병이 진행됨에 따라 문제의 정도가 심각해진다. 예들 들어 초기에는 간단한 단어를 잘 구사하지 못하고, 물체를 제대로 식별하지 못하다가, 나중에는 특정 개념을 완전히 상실하게 되어 대화가 불가능할 정도로 증상이 심해진다.

(2) 알츠하이머형 치매의 원인: 환자의 뇌에선 무슨 일이 일어날까?

건강한 뇌는 끊임없이 서로 정보를 주고받는 수십억 개의 신경세포들로 구성되어 있다. 뉴런들의 활발한 전기적 · 화학적 활동을 통해 뇌는 정상적인 기능을 하게 되는데, 알츠하이머병은 뉴런의 활동 및 뉴런 간 정보 교신을 방해하여 기억, 사고 능력을 파괴한다. 과학적 연구 결과들에 따르면, 알츠하이머병을 야기하는 대표적인 요인은 베타 아밀로이드 반점(plaque)과 섬유 농축체(tangle)라 불리는 비정상적인 구조물들이다. 뉴런 내부의 운송 체계에 중요한 역할을 하는 단백질이 변형되면서 뭉치면 섬유 농축체가 형성되는데, 섬유 농축체는 뉴런 내부에서 일어나는 활동을 방해하여 결국 세포를 파괴한다. 뉴런이 소멸되면 뉴런 간의 연결 역시 끊어지고 기억을 상실하게 된다. 병이 진행되면서 이렇게 뉴런이 소멸되는 과정이 계속되면 뇌는 위축되고 그에 따라 기능도 상실하게 된다. 뉴런 내의 이러한 비정상적인 구조물들이 축적되는 정확한 원인은 아직까지 밝혀지지 않았지만, 만성적인 스트레스가 그 과정을 촉진한다는 가설이 제기되고 있다. 따라서 스트레스를 잘 관리하는 것은 알츠하이머형 치매를 막는 하나의 예방책이 될 수 있다.

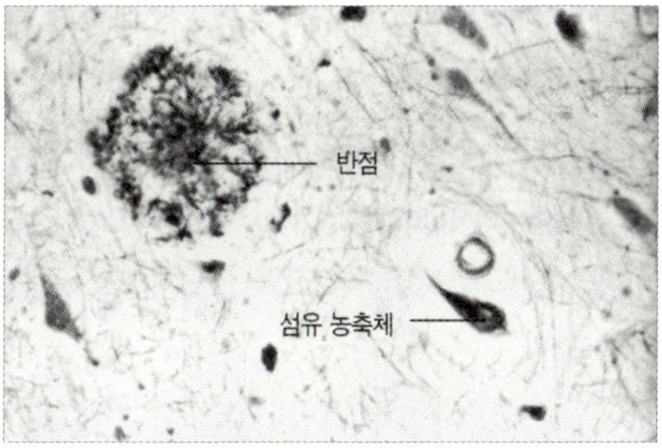

그림 2.9 베타 아밀로이드 반점과 타우 섬유 농축체
자료: 김문수 등(2006)에서 인용

(3) 알츠하이머형 치매의 치료 및 예방

알츠하이머형 치매의 정확한 원인은 아직 밝혀지지 않았으며 증상은 복잡한 양상을 띤다. 따라서 치료 목표는 완전한 치료가 아니라 증상을 지연시키거나 현재의 인지적 기능을 유지하고 행동 문제들과 심리적 증상들을 관리하는 데에 있다. 증상을 지연시키거나 현재의 기억력과 사고력 등을 유지시키기 위해 신경전달물질의 활동을 조절하는 약물이나

베타 아밀로이드의 생성을 억제하는 약물 등이 사용되고 있다. 행동 문제 및 심리적 증상들을 치료하기 위해 항정신병 약물을 사용하기도 한다. 또한 지속적으로 환경자극을 제공하여 인지적 활동을 유지하게 만드는 프로그램을 이용한 치료도 실시되고 있다. 2010년도에 실시된 한 연구에 의하면, 언어적 작업기억 과제를 수행할 때 정상 노인에 비해 경도 인지장애 환자들이 과제 수행에 필요한 세부 인지적 과정들과 관련된 뇌 영역에서 더 많은 활성화를 보였다(Bokde, Karmann, Born, Teipel, Omerovic, Ewers, Frodl, Meisenzahl, Reiser, Möller & Hampel, 2010). 이는 뇌 손상에 따른 수행의 저하를 보상하기 위한 적응적 노력이며, 가소성에 의해 이루어진 것이라 볼 수 있다. 그러나 아직까지 완벽히 질병을 차단할 수 있는 치료법이 없기 때문에 뇌 손상을 입기 전에 예방하기 위해 노력하는 것이 더욱 중요하다.

스트레스 관리, 지적 훈련, 운동, 식단 개선, 생활습관 개선 등은 알츠하이머병을 예방하는 데 도움이 된다. 지나친 스트레스는 정서, 대인 관계뿐만 아니라 베타 아밀로이드의 축적에도 영향을 주므로 취미 활동이나 운동을 통해 스트레스를 해결하는 것이 좋다. 또한 계속해서 뇌를 사용하면 뉴런들 간의 연결이 강해지거나 새로운 연결이 만들어지기 때문에 노년기에도 책을 읽거나 무언가를 배우는 등 지속적으로 인지적인 활동을 하는 것이 좋다. 그리고 활동을 통해 느끼는 성취감이나 보람은 자기효능감에도 영향을 주므로 노년기의 심리적인 건강에 긍정적인 영향을 미친다. 운동 혹은 신체적 활동 역시 인지적 기능에 긍정적인 영향을 준다는 연구 결과들이 많이 보고되고 있다. 운동은 스트레스를 감소시키고 신경대사를 증진시킬 뿐만 아니라 혈액 순환에도 도움이 되므로 꾸준히 운동을 하는 것이 좋다. 그리고 항산화 물질, 단백질, 비타민 등이 많이 포함된 식단을 이용하는 것도 뇌에 필요한 영양 물질을 공급하는 좋은 방법이 된다. 알코올 섭취, 흡연 등도 주의해야 한다. 지나친 알코올 섭취는 비타민 B1의 결핍을 야기하고, 흡연은 뇌로 산소를 보내 주는 혈관을 수축시키기 때문에 뇌 건강에 해롭다.

3) 치매 환자 돌보기

노인 인구 및 치매 유병률이 늘어나면서 치매 환자를 돌봐야 하는 가족들이 늘어나고 있다. 치매는 기억장애와 인지장애뿐만 아니라 정서적 · 행동적인 문제를 동반하는 질환이므로 환자 본인도 고통스럽지만 환자를 돌보는 가족 역시 환자의 불안정하고 공격적인 언행으로 인해 고통 받는다. 환자를 잘 돌보기 위해서는 상당한 체력과 노력, 그리고 기술이 필요하므로 가족은 부담감을 느끼게 되는데, 이러한 스트레스와 부담감이 케어 제공자의 짐(caregiver burden)이 되고 있다. 그래서 환자를 돌봐야 하는 가족은 본인의 건강도 잘 관리해야 한다. 지나친 스트레스로 인해 우울증에 걸리거나 건강을 잃지 않도록 가까운 친구나 가족 또는 치매 환자를 돌보는 다른 사람들에게 도움을 요청할 수 있어야 한다. 가끔씩 휴식을 취하거나 운동을 하는 것도 도움이 된다. 부담감과 스트레스를 이기는 데 중요한 것은 환자가 스스로 일상적인 활동을 수행할 수 있도록 도와서 돌보는 사람이 지나치게 관여하지 않는 것이다. 즉, 환자가 스스로 일상적인 활동을 할 수 있도록 여러 단계로 나누어 연습을 하게 하는 것, 관찰학습을 할 수 있도록 시범을 보여 주는 것, 그리고 규칙적인 생활을 반복하여 환자가 몸에 익힐 수 있게 돕는 것도 돌보는 가족의 부담을 더는 방법이 된다.

비록 돌보는 가족의 부담이 큰 건 사실이지만 치매 환자에게 가장 긍정적인 영향을 끼칠 수 있는 사람은 가족이다. 미국 유타대학교의 연구자들에 의하면 돌보는 사람은 환자가 인지적 기능을 계속 사용하도록 격려하는 역할을 함으로써 치매의 진행 속도를 늦추는 데 도움을 줄 수 있다. 또한 돌보는 사람의 대처 전략과 인지적 기능 감퇴 간에는 밀접한 관계가 있다. 따라서 치매 환자를 돌보는 가족은 환자의 자존감을 잘 지켜주면서 긍정적인 태도를 가져야 한다. 환자가 자신의 상태에 대해 불안감이나 절망감을 느끼지 않도록 대화와 행동을 조심하고, 무엇보다도 환자와 좋은 관계를 유지할 수 있도록 노력하는 것이 중요하다.

제3장

성격, 정서, 적응과 대처

노화가 진행됨에 따라 필연적으로 신체적 · 정신적 · 인지적 · 사회적인 변화가 발생한다. 성격과 정서에 있어서도 마찬가지다. '노인이 되면 고집이 세진다', '노인이 되면 의존성이 높아진다' 또는 '노인이 되면 부정적인 감정들을 더 많이 느낄 것이다'와 같은 노화에 따른 성격적 · 정서적 변화에 대한 통념들은 노화에 따라 성격이나 정서적인 변화가 수반될 것이라는 예측을 전제로 하고 있다. 대체로 이러한 예측들은 노화는 곧 상실이나 쇠퇴라는 부정적 인식을 바탕으로 하고 있다. 그러나 노년기에 접어들면서 성격이나 정서적 측면에서 나타나는 변화의 양상은 일반적인 예측과는 달리 부정적이지만은 않다. 노년기에 나타나는 성격이나 정서상의 변화는 노년기의 발달과제를 수행하기 위해 적절한 적응양식일 수 있다.

1. 성격

성격은 가면이나 탈을 의미하는 라틴어 '페르조나(persona)'에서 유래되었다. 성격의 정의는 이론적 관점에 따라 조금씩 다르다. Allport(1937)는 "성격은 개인 특유의 행동과 사고를 결정하는 심리 · 신체적인 체계이며, 개인 내의 역동적 조직"이라고 주장하였고, Pervin(1996)은 "사람들의 심리적 행동, 사고, 감정에 있어 공통성과 차이를 결정하는 일련의 안정된 경향성"이라고 성격을 정의하였다. 각각의 정의들은 어디에 중점을 두느냐에 따라 약간씩 차이를 보이지만 성격을 인간의 적응적 측면을 반영하는 사고, 감정, 행위를 포함한 지속적이고 일관적인 행동으로 이해하고 있는 점에서는 공통분모를 가진다. 노년기 발달의 측면에서 성격을 이해하는 것은 노년기의 변화와 적응의 문제를 이해하는 데 도움이 된다. 성격은 일생 동안 안정적으로 유지되는 개인적 특성이라고 할 수 있다. 따라서 노화가 진행됨에 따라 수반되는 변화에 대한 반응이나 적응 수준은 성격과 깊은 연관을 가진다.

1) 성격이론

성격 발달을 설명하는 이론들은 성격을 기질적인 특성으로 보는 특질이론과 시간에 따라 변화하는 발달적 관점으로 보는 단계이론으로 나뉜다. 기질적인 특성은 다양한 상황과 맥락에 따라 일관되게 나타나는 성격의 양상이며, 특성의 정도가 높고 낮음에 따라 사람들의 성격을 구분할 수 있다. 반면 단계이론에서는 각 발단단계에서 나타나고 형성되는 성격을 구분하여 설명한다.

(1) 특질이론

특질이론은 정신역동이론과 함께 가장 오래된 전통을 가진 성격이론이다. 특질이란 성격의 기본적인 요소로서, 특정한 개인이 특정 방식으로 반응하는 일관적인 경향성이다. 특질이론 연구자들은 개인차를 반영할 수 있는 보편적인 특질을 발견하고자 하였으며, 발견된 특질의 생리 · 발달적 기반에 대해 연구하였다.

① Allport

Allport(1961)는 초기에 특질을 한 문화에 속한 사람들을 비교할 수 있는 일반화된 성향인 '공통특질'과, 개인 간 비교가 불가능하며 사람마다 독특한 방식으로 작용하여 개인의 성격구조를 가장 잘 반영해 주는 '개인특질'로 구분하였다. 그중 Allport가 더 관심을 가졌던 것은 개인특질이었다. 그는 후에 개인특질의 명칭을 '개인성향'으로 바꾸고, 개인성향을 성격 내에서 영향력의 크기에 따라 다시 기본성향, 중심성향, 이차성향으로 구분하였다. 기본성향은 개인의 생활 전반에 광범위하게 퍼져 있어 모든 행동에 영향력을 미치는 성향을 말하며, 중심성향은 기본성향보다 제한된 범위의 상황에 영향력을 미치지만, 몇 개로 이루어져 있어 하나의 기본성향보다 더 큰 영향력을 갖고 있고, 행동에 있어 일관성을 나타내는 성향을 말한다. 이차성향은 덜 일관되고, 일반적인 형상으로 개인의 기호, 특정 상황에 대한 행동, 태도가 이에 속한다.

② Cattell

Cattell(1965)은 Allport처럼 특질을 연구한 학자이다. 하지만 Allport와는 다르게 통계적 기법을 사용하여 특질을 찾아내려 하였고, 개인 고유의 특질보다는 인간의 보편적인 특질을 찾아내려 하였다는 점에서 차이가 있다. Cattell은 객관적 검사, 자기평정 등의 방법을 통해 얻은 자료에서 통계적 기법 중 하나인 요인분석을 사용하여 16가지의 특질(16PF; 16 Personality Factor)을 추출하였다. 그는 이 16가지의 특질을 성격요인이라 부르고, 이를 측정할 수 있는 자기보고형 설문지를 제작하였다. 뿐만 아니라 Cattell은 특질의 결정에도 관심을 가졌고, 그 결과 1965년에 특질이 연령이 증가하여도 안정적이라고 발표하였다.

③ Eysenck

Eysenck(1970)는 Cattell과 마찬가지로 성격의 기본차원을 발견하기 위해 통계적 기법을 사용하였고, 그 결과 특질보다 한 단계 수준이 높은 유형을 성격의 기본 차원이라 간주하였다. Eysenck의 유형은 연속적인 차원으로 서로 배타적 범주가 아니며, 두세 개로 구성되어 있다. Eysenck가 주장하는 성격의 세 유형은 사교적이고 활기차며, 자기주장이 강하고, 감각적인 '외향성(extraversion; E)', 정서적으로 불안정하고, 우울하며, 자존감이 낮고, 신체적 통증의 호소가 빈번한 '신경증 성향(neuroticism; N)', 공격적이고 냉담하며, 반사회적일 뿐 아니라 자기중심적인 '정신병 성향(psychoticism; P)'이다. 이 중, 외향성과 신경증 성향은 Cattell의 16가지 특질을 요인분석했을 때 추출되는 요인과 유사하며, 모든 요인분석적 특질 연구에서도 일관성 있게 추출되는 요인이다.

④ 5요인 모델(Big 5)

성격의 요인에 대한 최근 입장 중 하나로, 성격이 5개의 주된 요소들로 구성되어 있다는 Big 5 모델을 들 수 있다. Big 5는 신경증 성향(neuroticism; N), 외향성(extraversion; E), 경험에 대한 개방성(openness to experience; O), 우호성(agreeableness; A), 성실성(conscientiousness; C)을 지칭한다(표 3.1). 이 5가지 요소는 신뢰도와 타당도가 높으며 후기 성인기까지 비교적 안정적이다.

표 3.1 성격의 5요인(Big 5)

요인	점수가 높은 사람의 특징	점수가 낮은 사람의 특징
신경증(N)	불안정함, 우울함, 예민함, 걱정이 많음, 충동적임, 스트레스에 취약함	조용함, 안정됨, 감정적이지 않음, 이완되어 있음
외향성(E)	사교적임, 적극적임, 낙천적임, 활동적임, 따뜻함, 재미있음	위축됨, 담담함, 은둔함, 조용함
경험에 대한 개방성(O)	호기심 많음, 창의적임, 상상력이 풍부함, 개방적임	현실적임, 흥미의 폭이 좁음, 고정적임

요인	점수가 높은 사람의 특징	점수가 낮은 사람의 특징
우호성(A)	직설적임, 솔직함, 온화함, 성격 좋음, 겸손함	무례함, 비협조적임, 성급함, 의심 많음
성실성(C)	신뢰할 수 있음, 깔끔함, 양심적임, 유능함, 신중함, 조직화됨	목표가 없음, 신뢰롭지 못함, 게으름, 부주의, 쾌락 추구적임, 의지가 부족함

Big 5에서 나타나는 성격 특질은 적응 수준을 어느 정도 나타내 줄 수 있다. 사회성으로도 대변되는 외향성이 높은 사람은 사회적 상황에서 행복감을 느낄 가능성이 크다(Hills, Argyle & Reeves, 2000). 이는 외향적인 특성을 가진 사람의 경우 좋은 대인관계를 형성하고 유지할 수 있기 때문이다. 외향성과 주관적 안녕감 간의 관계에 대한 많은 선행연구들에서도 외향성과 주관적 안녕감 간에 유의한 상관이 있는 것으로 밝혀졌다(구본용, 유제민, 2005). 반면 신경증적 경향성은 외향성과 정반대의 경향을 나타낸다. 우울, 예민함, 충동성이 특징인 신경증적 성격의 경우 대인관계에서 어려움을 겪게 되어 사회적 적응에 실패할 가능성이 크다. 특질이론에서는 대체로 성격이 일생 동안 안정적으로 지속되는 인간의 특성이라고 보기 때문에 이 이론에 따르면 청년기에 적응적인 성격은 노년기 적응에도 도움이 되는 성격적 특성이라고 할 수 있다.

(2) 단계이론

단계이론은 성격이 연령이나 발달단계에 따라 변하는 개인적 특질이라고 설명한다. 단계이론들은 발달단계에서 수행해야 하는 과업과 그 과업을 수행하는 과정에서 성격의 어떤 측면이 어떻게 영향을 받는지를 설명하는 이론이다. 따라서 많은 단계이론들은 전 생애에 걸쳐 진행되는 여러 발달단계에서 수행해야 하는 과업과 그 결과를 다루고 있다. 본 서에서 모든 발달단계에 대한 내용을 전부 다루기에는 지면이 부족하므로 노년기에 국한하여 이론을 설명하고자 한다.

노년에 따른 성격적 변화의 패턴은 단계이론을 통해 보다 명확하게 이해 가능하다. 단계 이론을 주장하는 학자들은 인생의 각 단계에 있어 개인이 수행해야 할 과제가 있으며, 이 과제에 대한 접근 방식이나 태도는 성격적 특성과 긴밀한 연관이 있다고 본다. 다소 차이는 있을 수 있으나 단계이론에서는 대부분 노년기를 상실과 변화에 적응해야 하는 시기로 설명한다.

① Peck

Peck(1968)은 노인들이 심리적으로 건강하게 기능하는 것을 방해할 수 있는 세 가지 위기를 말하였다. 그는 삶을 7단계로 구분하여 각 단계마다 성취해야 할 과업이 있으며, 이러한 과업을 성공적으로 수행할 경우 건강하고 행복한 삶을 살 수 있으나 그렇지 못한 경우 위기를 맞게 된다고 주장하였다. 노년기의 발달과업과 그에 따른 위기는 [표 3.2]와 같다.

표 3.2 노년기의 세 가지 위기

자아 분화 - 직업역할 몰두	• 은퇴와 함께 노년기에는 더 이상 직업역할에 몰두할 수 없기 때문에 직업역할에 몰두했던 자아를 분리시켜야 한다. • 직장 이외에 성취감을 느낄 수 있는 또 다른 자신의 모습을 찾아야 한다.
신체 초월 - 신체 몰두	• 노화에 따른 신체적 쇠약을 현실로 받아들이지 못하고 지나치게 걱정한다면 아무런 도움이 되지 않는다. 따라서 신체적 조건을 받아들이고 현재 자신이 할 수 있는 만족스러운 활동을 추구함으로써 신체적 능력 감퇴에 따른 걱정과 불안에서 벗어나야 한다.
자아 초월 - 자아 몰두	• 노년기의 마지막이자 가장 어려운 과업으로, 죽음을 받아들이고 자신과 자신의 인생에 대한 관심을 초월해야 한다. 이 과업은 자신의 역할이 끝났음을 인식하고, 후세들이 자신이 더 이상 할 수 없는 일들을 잘할 것이라는 믿음을 가짐으로써 해결할 수 있다.

자료: Peck(1968)에서 수정 · 인용

② Erikson

Erikson(1982)은 영아기부터 노년기까지 인간의 성장 과정에서 경험하고 극복해야 할 심리사회적 위기를 8단계로 제시하였다. 각 단계마다 위기가 존재하며, 그 위기를 긍정적인 방식으로 해결함에 따라 성숙을 이루게 된다. 그의 이론에 따르면, 노년이 직면하게 되는 위기는 '자아통합 대 절망감'의 갈등이다. 이 시기에 노인들은 자신의 삶에서 이룬 것이 무엇인가에 대한 회고를 통해 죽음과 직면하게 된다. 이 단계에서 자신의 과거에 대해 긍정적인 견해를 구성하고, 삶을 의미 있는 것으로 인식하게 되면, 자아통합을 이룰 수도 있다. 반면 자신의 과거를 분노, 회한, 죄책감 등을 갖고 바라보게 되면 자신의 삶에 대해 절망감에 빠지게 된다.

③ Levinson

Levinson(1978, 1996)의 이론은 '인생계절이론'이라고도 부른다. 그는 생애주기를 4단계(아동기/청소년기, 성인 전기, 성인 중기, 성인 후기)로 나누었으며, 단계들 사이의 전환에 대해서도 다루었다. 노년기에 해당하는 부분은 성인 중기에서 성인 후기로 넘어가는 '성인 후기 전환기'와 '성인 후기' 부분이다. 성인 후기로의 전환은 60~65세에 발생하며, 중년기를 끝내고 노년기를 준비하는 시기이다. 이 시기의 사람들은 신체적 · 정신적 변화로 인해 노화와 죽음에 대한 인식이 늘어나기 때문에 불안이 늘어난다. 특히 이전에 건강이 좋았던 사람들이 더 그러한데, 이 시기에는 자신의 변화를 수용하고 인정하는 능력을 배워야 한다.

성인 후기 전환기가 지나면 성인 후기, 즉 노년기가 된다. 이 시기에 노인들은 인정, 권력, 권위로부터 물러나야 한다는 것을 알게 된다. 이것을 인정하지 못하면 정신적으로 큰 충격을 받을 수 있다. 또한 자신의 죽음을 준비해야 하는 시기이기도 하다. 이들은 죽어 가는 과정을 이해하게 되고 자신의 죽음을 준비하며, 자신을 알고, 사랑하며, 버릴 준비를 한다.

④ Loevinger

Loevinger(1976)는 영아기를 시작으로 자아발달을 10단계로 나누었다. Loevinger의 이론에서 설명하는 자아란 도덕, 가치, 목표, 사고 과정의 통합자이고, 자아발달은 사람과 환경 간에 일어나는 상호작용의 결과이다. 그녀는 모든 사람들이 마지막 단계까지의 자아발달에 이르지는 않으며, 지극히 소수의 사람만이 10단계 모두를 경험한다고 하였다. 따라서 개인마다 도달하는 자아발달에는 차이가 있는데, 성숙한 노인들이 도달할 수 있는 자아발달 단계를 살펴보면 [표 3.3]과 같다.

표 3.3 Loevinger의 자아발달 단계에서 성숙한 노인이 도달할 수 있는 단계

단계	설명
8단계: 개인적 단계	• 사회문제와 외부의 삶으로부터 자신의 내적 삶을 분리하는 것이 중요한 과업 • 자신을 독특한 존재로 인식하며, 자신의 장단점을 인식 • 참을성 있고, 타인에 대한 관용을 보임
9단계: 자율적 단계	• 자신과 타인의 내적 욕구에 차이가 있음을 인정 • 느낌, 자기실현, 사회적 맥락 속에서 자신에 대한 이해가 주요 관심사
10단계: 통합적 단계	• 극소수의 사람만이 도달하며, 내적 갈등을 직면하고 통제하여 안정된 상태가 됨 • 자신의 동기와 행동에 대한 책임을 짐

자료: Loevinger(1976)에서 수정 · 인용

⑤ Whitbourne의 정체성 이론

Whitbourne(1987)은 성인기 자아(정체성) 발달 과정을 피아제(Piaget)가 제안한 동화와 조절의 기제로 설명하였다. 동화란 새로운 경험을 하였을 때, 그 경험을 자신이 현재 가지고 있는 기존의 자아구조에 맞추어 익숙한 방식으로 해석하는 과정이다. 반면 조절은 새로운 경험을 바탕으로 기존의 자아구조를 변화시키거나, 새로운 자아구조를 생성하는 것

이다. 〈그림 3.1〉에서 보듯이 Whitbourne은 자아발달을 앞서 언급한 두 개의 기제가 경험과 상호작용하여 형성되는 개인의 독특한 정체성의 결정체라고 보았다.

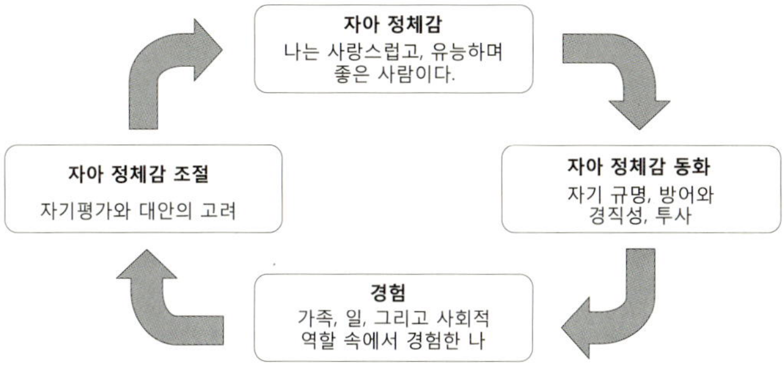

그림 3.1 Whitbourne의 정체감 발달 모델
자료: Whitbourne(1986)에서 수정 · 인용

⑥ McAdams의 라이프스토리 모델

McAcams(1994)는 시간의 흐름에 따른 정체성 변화가 자신의 라이프스토리를 형성하고 재구성하는 과정이라 보았다. 라이프스토리는 서론, 본론, 결론을 갖춘 내재화된 이야기로, 초기 애착의 발달에 뿌리를 두고 청소년 말기 혹은 성인 초기에 만들어 가기 시작한다. 따라서 성인 중기와 성인 후기에는 각각의 구성요소들을 통합하여 생산성 있는 결말을 만드는 것이 주요 과제가 된다.

라이프스토리에는 7가지 요소들이 필요하다. 첫 번째는 이야기의 정서적 느낌을 말하는 '이야기 톤'이고, 두 번째는 스토리의 구성자가 통합하는 특징적인 모양, 소리, 상징 등으로 구성된 '이미지'이다. 세 번째는 '주제'로, 자신의 목적을 얻기 위해 지속적으로 노력하는 사람에게 나타나는 행동의 반복된 패턴이다. 이때 주제는 동기가 된다. 네 번째는 행동의 맥락을 구성하는 '관념적 배경'이며, 다섯 번째는 '핵심적 에피소드'로,

중요한 전환점, 최악의 상태, 전성기 등 중요한 장면 등을 포함한다. 여섯 번째는 생활 속의 '주요 인물들'이며, 마지막은 이야기의 '결말'이다.

2) 노화와 성격

앞서 언급하였듯이 성격은 일생 동안 안정적으로 유지되는 사고와 행동의 패턴이다. 삶의 각 단계는 많은 변화를 포함하고 있으며 노년기 역시 마찬가지이다. 특히 노년기는 퇴직이나 사별 등 상실에 관련된 변화를 겪게 되는 시기로, 이에 대한 적응은 많은 대처 자원을 필요로 하는 노년기 발달단계의 과업이라고 할 수 있다. 따라서 노년기에 성공적으로 적응하기 위해서는 많은 노력과 대처기술이 필요하다. 성격은 삶의 과업을 수행하기 위해 요구되는 다양한 대처 자원 중 하나라고 할 수 있다. 그러나 적응에 필요한 자원은 삶의 단계에 따라 달라질 수 있으므로 적응에 도움을 주는 성격에 대한 평가 역시 달라질 수 있다. 노년기는 청년기에 비해 방어적이고 소극적이기 쉬우며, 주변의 지지적 관계에 기대려는 성향이 커진다. 따라서 청년들에게는 부적응적이라고 여겨지는 수동성, 소극성, 대인관계 부족 등이 노인들에게는 부적응의 지표가 되지 않는다. 노인의 경우 명백히 적응적인 유형으로 보이는 성숙형뿐 아니라 부적응적인 유형으로 보이는 은둔형과 무장형도 성공적인 적응을 하고 있다고 볼 수 있다(Reichard, Livson & Peterson, 1962). [표 3.4]에 성격적 특성과 노년기 적응의 관계에 대해 제시하였다.

(1) 성격 유형과 노년기 적응

노화에 따른 성격 변화를 관찰한 많은 연구에서 성격은 비교적 안정적으로, 변하지 않고 유지되는 것으로 나타났다(Costa, McCrae & Arenberg, 1980; Siegler, George & Okun, 1979; McCrae & Costa,

1990). 그러나 남성의 경우 통제력이 발현되는 양상에 변화가 나타났다. 즉 통제력의 발현이 적극적인 형태에서 수동적인 형태로 변화한다(Havinghurst, Neugarten & Tobin, 1968). 성역할의 모호성 역시 노년기에 나타날 수 있는 성격적 특징이다. 연구에 따르면 남성에게서는 나이가 들수록 여성적 성격이 두드러졌으며, 여성의 경우는 반대 현상이 나타났다(Neugarten & Gutmann, 1964).

표 3.4 성격적 특성과 노년기 적응의 관계

성격 유형		특성
통합형	재구성형	은퇴 후에도 자신의 역할을 새롭게 재정비하여 시간을 보내고, 모든 분야에 활동적이고 적극적인 노인으로, 생활 만족도가 높은 편임
	집중형	활동적이고 잘 적응하지만 다양한 분야에서 활동하기보다는 한두 가지 역할에 선택적으로 몰두하며, 만족하는 노인으로, 생활 만족도가 높은 편임
	이탈형	잘 적응하는 유형이긴 하지만, '재구성형'과 '집중형'과는 달리 활동적인 생활보다는 조용한 생활을 유지함. 그러나 생활 만족도는 높은 편임
무장방어형	유지형	중년기의 생활양식을 가능한 한 오랫동안 유지하고자 노력하는 유형으로, 생활 만족도는 높거나 중간 수준이지만 노화에 대한 두려움이 있어 활동에 집착함
	위축형	노화로부터 자신을 방어하기 위해 노력하며, 생활 만족도 또한 높거나 중간 수준이지만, '유지형'과는 다르게 활동 수준이 높지 않음
수동의존형	원조 요청형	의존할 수 있는 한두 사람이 있다면 중간 정도의 생활 만족도와 활동을 유지함
	냉담형	수동적이며, 활동을 거의 하지 않고, 무기력 · 무감각한 노인으로, 중간 또는 낮은 수준의 생활 만족도를 갖고 있음
해체형		감정통제 불능 혹은 사고의 퇴보 등 심리적 기능에 문제가 있는 노인으로, 활동수준이 낮고 생활 만족도 또한 중간이거나 낮음

자료: Neugarten, Havinghurst & Tobin(1968)

성격에 따른 노년기 적응 양상의 차이 역시 노화와 성격에 관련된 중요한 주제 중 하나이다. [표 3.4]에 제시된 Neugarten, Havinghurst, Tobin의 성인생활 연구(1968)는 성격적 특성과 노년기 적응의 관계를 연구한 대표적인 연구라고 할 수 있다. 이 연구에서 알 수 있듯이 성격 유형과 노년기 생활 만족도 간에는 밀접한 관련성이 있는 것으로 나타났다.

성격적 특성과 노년기 적응의 관계를 연구한 또 다른 연구로 Reichard, Livson, Peterson(1962)의 연구를 들 수 있다. 그들은 은퇴한 남성을 대상으로 노화 과정에 따른 적응양식에 대해 검증하고, 유형을 나누어 분류하였다. 이들은 은퇴 후 성격 및 적응 패턴을 조사하고 다섯 가지 성격 적응 유형을 발견하였다. 첫 번째는 자신의 장점과 단점을 인정하고, 노화 과정에 만족하고 감사하며, 지나온 삶을 긍정적으로 받아들이는 '성숙형'이다. 이들은 자신의 실패와 불운보다는 성공과 행운에 초점을 두고, 일상생활과 사회생활에 적극적이다. 두 번째 유형은 '은둔형'으로, 이들은 지난 삶의 복잡한 대인관계 또는 사회활동에서 벗어나 조용히 지내게 된 것을 다행으로 여기며, 조용한 생활에 만족해한다. 세 번째 유형은 '무장형'이다. 무장형의 사람들은 노화에 대한 불안을 막기 위해 사회적 활동과 기능을 지속적으로 유지한다. 이들은 수동성과 무기력함을 인정하기 힘들어하며, 계속적으로 활동함으로써 신체적 기능의 저하를 막고자 노력한다. 네 번째는 '분노형'으로, 인생의 목표를 달성하지 못하고 늙은 것에 대해 큰 슬픔을 느낀다. 이들은 실패의 원인을 외적인 요인으로 돌리며, 늙어 가는 것과 타협하지 않으려 애쓴다. 마지막 유형은 '자학형'이다. 이 유형 또한 분노형과 마찬가지로 자신의 인생을 실패로 간주한다. 그러나 자학형의 경우 실패의 원인을 자신에게 돌리고 자책한다. 이 경우 우울증이나 자살의 위험이 높다.

(2) 뇌의 노화와 성격

성격은 뇌의 노화 과정과도 관련이 있다. 최근 개인의 성격이 뇌의 노화 과정에 어떤 영향을 주는가에 대해 연구한 워싱턴 대학의 심리학과 부교수인 Denise Head 박사는 성격이 뇌의 노화 과정에 영향을 준다는 연구 결과를 발표하였다. 연구 결과 '신경증'의 특성이 높다고 답한 환자는 그렇지 않다고 답한 환자에 비해 뇌의 앞부분과 중간측면 부분에서 회백질 — 뇌 및 척수에서, 육안으로 보았을 때 회백색으로 보이는 부분 — 의 양이 적은 것으로 밝혀졌다. 뿐만 아니라 뇌에서 사회적·감정적 처리를 담당하는 전두엽에 위치한 안와전두피질(orbitofrontal cortex)도 이와 유사하게 성격과 연관되어 있다고 밝혔다.

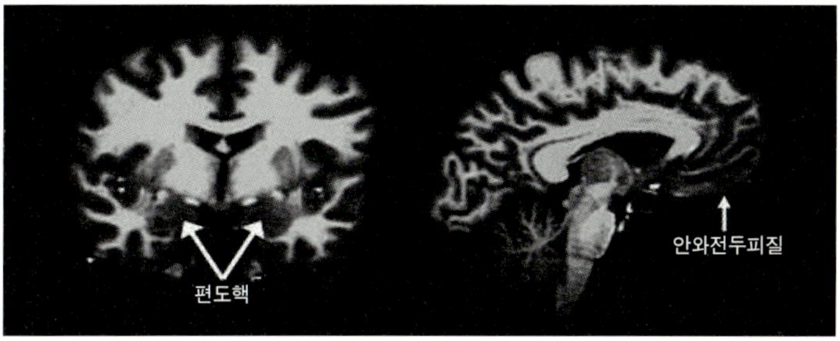

그림 3.2 편도핵과 안와전두피질
자료: Science Daily(2010)

2. 노년기의 정서적 변화

노년기 연구에서 삶의 질의 중요한 지표인 주관적 안녕감(subjective well-being)은 최근 인생의 황혼기에 관한 노년학의 연구 주제 중 가장 주목을 끌고 있는 성공적 노화(successful aging)의 주요 지표 중 하나이다. 주관적 안녕감은 개인이 자신의 삶이 얼마나 가치롭고 행복한 여정인가에 대한 자기 스스로의 인식을 보여 준다. 이는 자존감, 신체 건강, 타인과의 관계 및 경제적 여건과 같은 다양한 요인들과 관련이 있는데, 정서도 그중 한 요인이다. 즉 살아가는 동안 여러 가지 정서적 경험이나 표현, 또 조절방식에 관한 내적 통제력은 삶의 질과 직결되는 요소라 할 수 있다. 보통 주관적 안녕감이 높은 사람은 긍정적 정서성이 높은 반면, 부정적 정서의 표출은 상대적으로 낮은 편이며, 정서조절 능력이나 대처 기술도 뛰어나다(Diener, 1984).

1) 노년기의 정서 경험

개별정서이론(discrete emotions theory: Izard, 1993)에 따르면 인간이 느끼는 기본적인 정서들은 일생 동안 안정적으로 유지된다(Dougherty, Abe & Izard, 1996). 그러나 이러한 정서를 느끼는 빈도나 강도는 연령에 따라 달라질 수 있다. 실제로 노인들은 정서를 느낄 때 이전에 비해 보다 서정적이며 내면화되는 양상을 보인다(Jaques, 1985). 또한 우리는 일반적으로 노년기에 긍정적인 정서보다 부정적인 정서를 더 자주 경험할 것이라고 생각한다. 그러나 이러한 생각과는 달리 노인들에게서 긍정적 정서 경험은 감소하지 않으며 부정적 정서 경험은 감소하거나 차이가 없다. 즉 노인이 청년 혹은 중년보다 부정적인 정서를 더 경험하거나, 긍정적인 정서를 덜 경험하지는 않는다는 것이다. 연령이 증가함에 따라 긍정적 정서 경험은 증가하거나 유지되며, 60세 이후에는 약간 감소한다(Charles, Reynolds & Gatz, 2001). 베를린 노화연구에 따르면, 연령 증가에 따라 긍정적 정서 경험은 증가하였지만 부정적 정서 경험에서 유의미한 연령차가 나타나지는 않았다(유경, 2007). 물론 노년기의 특성에 따라 사별이나 퇴직 등의 상실 경험을 자주 겪게 되는 것은 노년기 정서반응에 영향을 미칠 수 있다. 그러나 노인들은 이러한 상실로 인한 정서적 손상에 대해 젊은 층보다 더 높은 통제력과 회복력을 나타내었다(Suh, Diener & Fujita, 1996).

2) 노년기의 정서표현

정서표현은 대인관계와 직결된다. 정서표현과 대인관계 간 관계에 대한 연구 결과에 따르면 정서 표현성이 높은 사람은 긍정적인 대인관계를 가진다. 표현을 잘하는 사람은 표현을 잘하지 못하는 사람에 비해 다른 사람에게 사랑을 더 받고(DePaulo, 1992), 눈에 더 잘 띄며(Sullins, 1989), 타인의 정서에도 많은 영향을 끼치고(Riggio & Friedman, 1983), 인간관계의 상호작용에서 타인으로부터 사회적 지지를 더 많이 받을 수 있다(Emmons & Colby, 1995; 유경, 2010). 연구에 따르면 노인은 정서 표현의 강도가 약하거나 모호하여 상대방이 노인의 표정을 보고 정서를 파악하기 어려운 경향이 있다(Malatesta, Fiore & Messina, 1987). 이는 성격적 특성이 표정에 굳어져서 표현하는 정서가 올바르게 전달되지 못하거나, 표현하려는 정서 자체가 보다 복잡한 경향이 있어 명확하게 구분되지 않기 때문이다. 즉 노인의 경우 기쁨이나 슬픔, 놀람, 분노 등의 감정이 뚜렷이 구분되기보다는 혼합되거나 실제 느끼는 정서와는 다른 정서로 가장되어 표현되는 경우가 많다(Malatesta & Izard, 1987).

3) 노년기의 정서조절

우리는 앞서 노화에 따라 부정적 정서를 경험하는 비율은 줄어들거나 유지되고, 긍정적 정서를 경험하는 비율은 늘어나는 경향을 확인하였다. 이러한 경향을 정서 최적화라 한다. 우리는 정서 최적화를 위해 부정적 정서를 피하고 긍정적 정서를 경험할 수 있는 사회적 상황을 선택하려 한다. Carstensen(1995)은 정서 최적화 특성을 사회정서적 선택이론(socioemotional selectivity theory)으로 설명하였다. 우리 삶에서 정서조절, 자기개념의 발달과 유지, 정보추구는 매우 중요한 사회적 동기이다. 이는 노년기도 마찬가지이다. 사회정서적 선택이론은 노년기에 나타나는 사회관계 축소 지향 행동패턴을 잘 설명해 준다. 노년기에 접어들수록 정보 제공자가 감소하며, 자신에게 시간이 얼마 남지 않았다고 생각하게 되면서 정보추구의 중요성은 감소하고 정서조절의 중요성은 높아진다. 따라서 노인들은 사회적 관계를 축소시킴으로써 정적 정서 상태를 유지하기 위해 스스로 대인관계의 폭을 축소한다. 다시 말해 사회적 네트워크의 축소로 불필요한 인간관계를 줄임으로써 정서적 에너지 낭비를 막고 정서 최적화 상태를 유지하는 것이다.

노년기의 정서조절을 설명할 수 있는 또 다른 영역은 생물학적 영역이다. 후구, 시상하부, 해마, 편도체, 대뇌피질의 대상회 등으로 구성된 변연계(limbic system)는 정서 반응에 특히 중요하다. 특히 변연계의 편도체(amygdala)는 정서적 자극에 대한 반응과 관련된 부위인데, 이 부위가 손상되면 정서적 의미를 지닌 정보를 잘 처리하지 못한다(Whalen, 1998). 그 결과, 미묘하거나 복잡한 정서 신호를 잘 파악하지 못하여 상황에 맞는 적절한 정서를 잘 느끼지 못하며, 타인에 대한 올바른 사회적 판단을 내릴 수 없게 된다. 만약 노화로 인하여 전두엽이 손상되면 인지적 · 정서적 장애가 발생하는데, 전두엽 손상은 성급함, 분노, 짜증 등의 형태로 나타난다. 또한 말이 많아지거나 같은 말을 반복하는 것 역시 전두엽 손상이 있을 때 나타나는 현상이다(김영경, 진영선, 2013). 치매로 인하여 뇌가 손상되는 경우, 행동이 억제되지 않아 말과 행동이 거칠고 폭력적으로 변하는 등의 증상이 나타날 수도 있다.

3. 적응과 대처

적응과 대처는 당면한 문제에 대한 개인의 해결 방식을 의미한다. 적응은 장기간에 걸친 대처 방식이며, 대처는 비교적 단기간에 걸친 대처 방식이라고 할 수 있다. 어느 쪽이건 적응과 대처는 문제해결이라는 공통된 목적을 가지고 있다. 살면서 당면하게 되는 여러 문제들을 해결하기 위한 자원과 대처에 필요한 에너지 수준은 연령에 따라 차이가 날 수 있다. 이 절에서는 상황에 대한 적응과 대처에 있어 노인들의 특성을 살펴보고자 한다.

1) 적응 모델

적응은 성공적 노화에 필수적인 요소이다. 성공적인 노화를 이룬 사람들은 몇 가지 적응적 특징을 갖고 있다. 이러한 특징은 노년기에 들어서 개발되기도 하지만 대부분은 젊은 시절부터 유지되어 온 특징을 노년기에 활용하는 경우이다. 성공적인 적응에 도움이 되는 특징을 설명할 수 있는 이론으로 이중 처리 과정 모델과 SOC 이론(Selective Optimization with Compensation)을 들 수 있다.

(1) 동화와 조절(이중 처리 과정 모델)

Whitbourne(1987)은 Piaget 이론의 동화와 조절 과정을 사용하여 성인기 자아의 발달 과정을 설명하고자 하였다. 동화는 개인이 새로운 삶의 경험에 직면했을 때 그 경험을 기존의 자아구조에 맞추어 익숙한 방식으로 처리하고자 하는 과정을 말한다. 반면 조절은 새로운 경험에 직면했을 때, 경험에 맞게 자신의 자아구조를 변화시키는 것을 말한다. 과도한 동화 과정을 사용하는 사람은 변화를 거부하고 자신과 다른 견해를 받아들이지 못한다. 반면 과도한 조절 과정을 사용하는 사람은 조그만

사건에도 과도하게 반응하며 지나친 일반화를 하는 경향이 있다. 따라서 정체감 형성뿐만 아니라 성공적인 적응에 있어서도 동화와 조절 두 가지를 균형 있게 사용하는 것이 좋다. 특히 노화가 진행되면서 상황이나 자신에 대한 통제력이 높아지는 경향은 동화 과정에 치우치는 결과를 가져올 수 있다. 흔히 말하는 노인의 완고함이란 이러한 특징을 보여 준다. 동화와 조절을 적절히 사용하는 것이 성공적인 적응의 중요한 요소라고 볼 때, 젊은 시절부터 동화 과정에만 주로 의존하는 개인의 경우 성공적인 노년기 적응에 어려움을 겪을 수 있다.

(2) SOC 이론

Paul Baltes와 Margret Baltes(1990)는 사람들이 개인적 발달과 안녕을 증진시키기 위해 그들 자신의 삶을 어떻게 관리하는가에 대한 이론을 개발하였다. SOC는 선택(Selection), 최적화(Optimization), 보상(Compensation)의 첫 글자이다. 선택이란 목표를 설정하고 위계를 정하여 설정한 목표에 어느 정도 전념할 것인가를 결정하는 과정을 말한다. 이 과정은 자원의 낭비를 막고 정상적인 발달 방향으로 인도하는 역할을 한다. 최적화는 선택한 영역을 수행하기 위하여 목표를 달성하기 위한 수단이나 자원을 획득하고 통합하여 적용하는 과정에 해당한다(장휘숙, 2008). 마지막으로 보상은 목표 관련 수단이 신체적 · 사회적 상실이나 감퇴 등으로 인해 개인의 기능수준이 위협받을 때 기능 유지를 위해 부가적 자원이나 수단을 활용하는 것을 말한다.

SOC 전략은 적응에 초점을 맞추고 있으므로 삶의 만족, 직무수행과정, 대처행동 등과 관련이 있으며 성공적 노화와도 밀접한 관련이 있다. 노인들은 노화에 따른 상실에도 주어진 능력에 적합한 활동을 선택하고 보유한 기술을 최적화함으로써 상실한 것을 보완하여 성공적 노화에 이를 수 있다. SOC 전략을 사용한다고 보고한 사람들은 성공적 노화의 주관적 지표에서 더 높은 점수를 얻었으며, 더 긍정적인 정서를 경험하였다(Freund & Baltes, 1998).

2) 스트레스 대처

우리는 살아가면서 다양한 사건을 경험한다. 일반적으로 스트레스를 부정적인 상황이 불러일으키는 결과라고 생각하지만 실제로 스트레스는 신체적 · 심리적 긴장상태를 일으키는 모든 원인을 포함한다. 따라서 우리가 경험한 좋은 사건과 좋지 않은 사건 모두 스트레스의 원인이 된다. 즉 스트레스는 살아가면서 피할 수 없는 요소이긴 하지만, 적당한 스트레스는 개인의 발달을 촉진시키는 긍정적인 기능을 갖고 있다. 오히려 많은 스트레스를 경험한 은퇴한 성인들에게 정서 문제가 더 적게 나타나기도 한다(Chiriboga, 1984). 그러나 스트레스는 적당할 경우에 긍정적 측면이 있기는 하지만, 과도하거나 지속적인 스트레스는 신체와 정신 건강에 부정적인 영향을 준다. 따라서 스트레스 상황에 적절한 대처전략과 자원을 가지는 것은 적응에 있어 매우 중요한 요소이다. 스트레스란 매우 주관적인 면이 있어서 같은 사건이라고 할지라도 그 사건이 스트레스가 될 수 있는가 없는가 혹은 어느 정도로 스트레스가 되는가는 개인의 대처 유형이나 대처 자원에 따라 달라질 수 있다. 이러한 개인차에는 연령도 포함된다.

(1) 스트레스 원인의 연령차

스트레스의 원인은 다양하며 연령에 따라 차이가 있다. 젊은 성인과 노인을 대상으로 스트레스 원을 비교한 결과, 청년들의 경우는 돈, 직업, 가사, 가족, 우정의 문제들로 스트레스를 받았지만, 노인은 건강과 질병, 가까운 사람의 상실과 가족 간의 갈등으로 스트레스를 받는 것으로 나타났다(Folkman & Lazarus, 1980). 특히 노인에게 영향을 주는 스트레스 요인들은 질병이나 노화에 따른 신체기능의 감퇴, 죽음과 같이 개인의 노력으로 통제할 수 없는 요인들이 많았다. 이러한 점은 스트레스 요인에 대한 대처 역시 연령에 따라 달라질 수 있음을 시사한다.

(2) 스트레스 평가하기

스트레스를 평가하는 방법은 신경전달물질의 측정과 심전도 측정, 그리고 자기보고식 설문을 통한 방법이 있다. 신경전달물질 측정과 심전도 측정의 경우 병원에 가서 검사를 받아야 하기 때문에 시간 및 비용적인 면에서 어려움이 있을 수 있다. 따라서 스트레스가 신경계의 이상으로 발생했거나 스트레스로 인해 심각한 심리 · 사회적 문제가 나타나는 경우가 아니면 보통은 자기보고식 설문을 통해 스트레스를 측정한다. 자기보고식 설문지는 실시방법이 단순하고 시간이 오래 걸리지 않기 때문에 자신의 스트레스 정도를 파악하기에 매우 유용하다.

스트레스를 측정하는 자기보고식 설문지의 종류는 매우 많다. 대인관계, 직장생활, 일상생활 등 다양한 상황에 따른 스트레스 측정 설문지뿐만 아니라 스트레스 반응을 측정하는 설문지도 있고 전반적인 스트레스를 평가하는 설문지도 있다. [표 3.5]에 제시된 설문지는 성명옥(2007)의 연구에서 사용한 고령자용 스트레스 반응 척도이다. 이 척도는 신체적 · 심리적 · 상황인지 스트레스 반응 각각에 대하여 문항이 구성되어 있다. 각 항목은 0(없음), 1(가끔 있음), 2(자주 있음)로 답해야 하며, 평균 점수가 높을수록 스트레스를 많이 받는다는 의미이다.

표 3.5 고령자용 스트레스 반응 척도

인자명	질문사항
	1. 감기에 잘 걸린다.
	2. 손발이 차다.
	3. 손바닥이나 겨드랑이에 땀이 난다.

인자명	질문사항
F1. 신체적 스트레스 반응	4. 갑자기 가슴이 답답해진다.
	5. 자주 심장이 두근거린다.
	6. 가슴이 아프다.
	7. 머리가 무겁다.
	8. 눈이 무겁다.
	9. 코가 막힌다.
	10. 어지럽다.
	11. 귀에서 이상한 소리가 난다.
	12. 입안에 무엇이 생기거나 아프다.
	13. 목이 아프다.
	14. 혀가 하얗게 된다.
	15. 좋아하는 음식이라도 식욕이 없어 먹을 수가 없다.
	16. 소화가 안 되고 배가 더부룩하다.
	17. 설사를 하거나 변비에 걸린다.
	18. 어깨가 결리거나 목이 아프다.
	19. 등이나 허리가 아프다.
	20. 몸이 나른하고 피곤이 안 풀린다.
	21. 체중이 줄고 살이 빠진다.
F2. 심리적 스트레스 반응	22. 무엇을 하면 금방 피곤을 느낀다.
	23. 아침에 일어날 때 상쾌하지가 않다.
	24. 일할 마음이 생기지 않는다.
	25. 걱정 때문에 쉽게 잠을 이룰 수가 없다.
	26. 하룻밤에 여러 번 악몽을 꾼다.
	27. 밤중에 잠이 깨면 걱정으로 인해 쉽게 잠들 수 없다.
	28. 사람과 만나는 일이 귀찮다.
	29. 사소한 일에도 짜증이 난다.
	30. 우울해진다.
	31. 마음속으로부터 즐거움을 느끼지 못한다.
	32. 불안을 느낀다.
	33. 기분이 나빠진다.
	34. 무엇을 할 때 자신감이 없어진다.
	35. 무엇을 할 때 잘되지 않을까 불안하다.
	36. 다른 사람에게 믿음이 가지 않는다.
	37. 장래의 희망을 갖지 못한다.
F3. 상황인지 스트레스 반응	38. 이것저것 쓸데없는 생각을 한다.
	39. 어떤 일을 결정해야 할 때 잘 결정하지 못한다.
	40. 어떤 일을 적극적으로 해 나갈 수 없다.
	41. 주변 사람들이 나에게 거는 기대가 부담스럽다.
	42. 일상생활에 답답함을 느낀다.
	43. 어디를 가도 마음이 안 맞는 사람이 있어서 힘들다.
	44. 여러 가지 규칙이나 예절이 답답하게 느껴진다.
	45. 환경의 변화를 잘 극복해서 생활해 나갈 수 있을지 불안하다.
	46. 힘들 때 언제나 상담에 응해 줄 수 있는 친구가 적다는 생각이 든다.
	47. 나의 노력을 정당하게 평가해 줄 수 있는 사람이 있었으면 좋겠다.

자료: 성명옥(2007)

(3) 스트레스 관리하기

스트레스를 관리하는 방법은 매우 다양하며 개인차가 있을 수 있으나 스트레스 관리에 도움이 된다고 알려진 보편적인 방법들이 있다.

- 직면한 스트레스에 대한 어려움과 그에 따른 정서와 대처방법을 친척 혹은 친구들에게 이야기한다. 이것은 스트레스의 다른 대처 전략 학습을 촉진시키고 감정을 정화하도록 돕는다.
- 사회적 삶을 활동적으로 유지하고 건강한 생활양식과 적당한 운동을 한다.
- 자원봉사에 참여한다. 봉사는 자존감을 높이고 삶의 안목을 넓히는 데 도움을 준다.
- 필요한 경우에 전문가에게 도움을 요청한다. 흡연, 음주 및 약물남용은 스트레스에 대처하는 매우 해로운 방법이기 때문에 이러한 방법을 사용해서는 안 된다.

3) 스트레스와 노년기 적응

(1) 스트레스 대처 방식

연구자들은 대처 방식을 범주화함으로써 스트레스 상황에서 개인의 행동을 효과적으로 설명하고자 하였다. 각 대처 방식은 어느 것이 더 낫다고 말할 수는 없지만 연령층에 따라 적응적인 대처 방식의 유형이 존재할 수 있다. 스트레스에 대처하는 방식은 크게 문제중심적 방식과 정서중심적 방식이 있다(Moos & Billings, 1982). 문제중심적 대처는 문제에 직면하여 적극적으로 해결하려 노력하는 대처 방식이다. 즉, 문제중심적 대처는 문제에 직면하여 그 핵심을 파악하고, 이를 해결하기 위해 구체적이고 적극적인 대안을 찾아 문제를 해결한다. 반면 정서중심적 대처는 문제를 해결하기 위해 직접적인 해결방법을 사용하기보다 문제를 부정하거나 회피하여 스트레스를 완화하고자 하는 방법이다. 정서중심적 대처에는 부정, 회피, 거리 두기, 긍정적 재평가, 상황에 대한 평가 혹은 개인의 사고방식을 변화시키는 방법들이 있다. 이 대처 방식은 신체적 · 정서적 · 사회적 자원이 부족하거나 통제가 불가능한 상황에서 유용하다.

스트레스 대처 방식은 이와 비슷한 맥락에서 일차적 통제와 이차적 통제가 있다(Schulz & Heckhausen, 1996). 외부환경을 변화시키기 위해 직접 행동을 취하여 통제하려는 것을 일차적 통제라 하고, 인지적 과정을 통해 개인 내부의 변화를 시도하는 것을 이차적 통제라 한다. 어떤 대처가 더 좋거나 나쁘다고 할 수는 없으며, 스트레스의 종류에 따라 적절하게 대처할 필요가 있다. 즉, 상황에 적절한 스트레스 대처 방식을 개발하는 것은 적응을 위한 필수적 요소이다. 스트레스 상황이 심할수록 개인은 자신이 선호하는 스트레스 대처 방식을 더욱 강화하는 경향이 있는데, 이는 자신이 선호하는 양식이 스트레스의 종류와 잘 맞지 않는 경우 오히려 문제를 더욱 심각하게 만드는 결과를 가져온다. 노년기는 생활사에 대한 개인의 해석과 대처가 견고해지기 쉬운 시기이므로 유연한 스트레스 대처 방식을 개발하는 것이 필요하다.

(2) 노년기의 스트레스 대처

노인의 대처행동에 영향을 미치는 변수들로는 성별, 경제활동 여부, 교육수준, 종교 등이 있다. 성별에 따른 대처행동 유형에 대한 연구를 살펴보면 남자는 갈등을 표현하는 대처전략을 많이 사용하고, 여성은 갈등을 내면화하는 대처전략을 많이 사용한다(Labouvie-Vief, Hakim-Larson & Hobart, 1987). 또 다른 연구에서는 남성 노인은 문제정립을, 여성 노인은 종교적 도움에 의존하는 경향이 있는 것으로 밝혀졌다(최정혜, 1990). 경제 수준과 교육 수준에서는 경제활동을 하는 노인의 경우 그렇지 않은 노인에 비해 적극적인 대처방안을 많이 사용하며, 교육 수준이 낮을수록 공격적 대처방안을 많이 사용한다(양옥남, 1995).

일반적으로 연령에 따른 스트레스 대처 방식의 차이는 크지 않다(McCrae, 1982). 그러나 연령에 따른 대처전략의 사용 차이를 보고하는 연구들은 연령이 높아짐에 따라 정서집중적 대처전략이나 이차적 통제를 더 많이 사용한다고 보고한다(Lazarus & Folkman, 1987). 일차적 통제는 자신의 욕구와 잠재력 또는 목표를 실현하기 위해 직접 환경을 변화시키지만 이차적 통제는 이러한 목표를 달성하기 힘들 때 목표를 수정하거나 생각의 변화와 같은 책략을 통해 통제력을 유지하고자 하는 방식이다. 연령에 따른 이러한 대처 방식의 변화에 대해 본능적이고 발생학적 변화라는 설명을 하기도 하지만 노년기에 겪게 되는 스트레스 유형의 변화에 따른 적응으로 볼 수도 있다. 즉 노년기에 영향을 주는 스트레스 요인들이 질병이나 죽음과 같이 통제 불가능한 성격의 것들이 많으므로 노년기의 스트레스 대처 방식은 정서중심적 대처 혹은 이차적 통제가 더욱 자연스럽고 적응적인 방식이라는 것이다. 따라서 이러한 대처 방식을 잘 발달시킨 개인의 경우 노년기에 성공적으로 적응할 것으로 예상할 수 있다. 반대로 노화에 저항하거나 노화를 통제하려는 방식은 노년기에 적응적이지 못한 대처 방식이라고 할 수 있다.

스트레스에 대한 부적절한 적응은 그 자체로도 문제가 될 수 있지만 면역기능이나 기분조절에 직접적인 악영향을 끼칠 수 있다. 따라서 노년기에 적합한 스트레스 대처 방식을 개발하는 것은 성공적인 노화를 위하여 중요한 요소이다. 앞서 밝힌 바와 같이 노년기의 스트레스 요인은 개인의 노력으로 변화시키거나 피할 수 없는 경우가 많으므로 충분한 정서적 지지나 스트레스 해소를 위한 활동을 평소에 꾸준히 하면 스트레스 극복에 큰 도움이 된다. 종교 활동이나 취미 활동을 통하여 자연스럽게 사회적 지지망을 형성하고, 이러한 활동을 통해 스트레스를 해소하는 것은 노년기 스트레스에 매우 효과적인 대처 방식이라고 할 수 있다. 특히 남성 노인의 경우 정서적 지지에 대한 사회적 연결망이 여성 노인에 비해 취약하므로 평소 꾸준한 사회적 접촉을 통해 견고한 사회적 지지망을 형성하는 것이 중요하다.

제4장

노년기 정신건강

노년기에 접어들어 개인이 겪게 되는 변화는 신체적 변화에 국한되지 않는다. 노년기에 일어나는 정신건강상의 어려움은 노인 자신과 주변 인물 모두에게 신체적 노화와 마찬가지로 나이가 들면서 받아들여야 할 필연적인 손상으로 여겨지는 경우가 많다. 그러나 노화 과정은 사람마다 다양하며 노인이 된다고 해서 누구나 예전에 비해 활력이 저하되거나 삶에 대해 방관적 태도를 취하게 되는 것은 아니다. 최근 노화가 단순한 쇠락이 아닌 성인발달의 견지에서 이해되면서, 노년기에 겪게 되는 정신적인 문제에 대한 이해도 이전과는 달라졌다. 또한 같은 정신적 문제도 노인층에서는 독특한 양상을 나타내기도 한다. 이 장에서는 노년기에 겪게 되는 정신적 문제와 그 원인, 치료법 등에 대해 살펴보고자 한다.

1. 노년기의 정신건강

노화와 정신건강의 관계에 대해서는 다양한 주장들이 제기되어 왔다. 노인의 정신건강에 대한 연구는 여러 가지 고려해야 할 요소들이 있다. 우선 정신적인 건강의 기준이 나이에 따라 다를 수 있다는 점, 노인들이 일생 동안 발달시켜 온 부적응적 생활방식에 익숙해져서 이에 따른 불편감을 느끼지 못하거나 불편감이 있더라도 이를 호소하거나 정신건강 서비스를 이용하는 빈도가 다른 연령층에 비하여 현저히 낮다는 점, 노인에게 적합한 검사도구의 발달이 충분히 이루어져 있지 않다는 점, 노화에 따른 신체적 질병의 부수적 결과로 정신건강상의 문제가 동반될 수 있다는 점 등으로 미루어 볼 때 노년기의 정신장애를 기타 여러 요소와 분리하여 개별적으로 이해하기는 어려운 일이다. 노인의 정신건강에 대한 이해는 이러한 요소를 모두 포함하여 종합적으로 이루어져야 한다.

1) 노년기 정신건강과 관련된 주요 요인

(1) 인생주기

인생주기(life cycle)란 한 개인이 출생부터 사망까지 시대와 문화를 초월하여 겪게 되는 일련의 사건들을 말한다. 어떤 사람이 같은 행동을 하더라도 인생주기 상에서 어떤 시기를 거치고 있느냐에 따라서 그 행동에 대한 평가는 달라질 수 있다. 노년기에는 자녀들의 독립으로 인한 분리, 퇴직, 주변의 중요 인물들과의 사별과 같은 상실 경험이 상대적으로 많다. 따라서 노인이 우울감이나 무기력감을 호소하는 것은 청년기에 있는 사람이 우울감을 호소하는 것과는 다른 시각에서 살펴야 한다. 상실 경험을 한 사람이 우울감이나 분노감, 무기력감을 느끼는 것은 상황에 대한 적절한 반응이다. 따라서 상실에 보다 많이 노출된 노인이 우울감이나 무기력감을 느끼는 것은 인생주기에 따른 변화에 대한 당연한 반응이라고 볼 수도 있다. 물론 그 반응이 적절하다고 해서 이를 정신적으로 건강하다는 의미로 해석할 수는 없다. 그러나 노인이 처한 삶의 단계를 올바로 인식하는 것은 노인의 정신건강을 평가할 때 반드시 고려해야 할 사항이다.

(2) 신체적 노화와 건강상태

나이가 들어감에 따라 신체적 기능이 떨어지고 질병 발생률이 높아지는 것은 주지의 사실이다. 노인의 경우 대부분의 질병이 만성적인 경우가 많아 이에 따른 우울증이 부차적으로 발생한다. 실제로 중증 우울증이 아닌 경우에는 정신과 의사보다 타과 의사들이 우울증을 초진하는 경우가 더 많다. 한국보건연구의료원의 Round-table Conference(RTC) 〈우울증, 자살 그리고 한국사회〉에 따르면 경도 · 아임상 우울증은 정신과 의사보다는 내과의나 일반의가, 또는 치매 센터 등에서 치료하는 경우가 더 많다. 갑상선 기능 저하증이나 뇌졸중과 같은 내과적 질환이나 알츠하이머와 같은 기질적 손상의 경우 우울증을 동반하는 사례가 많으므로 실제로 치매나 알츠하이머 병동에서는 우울증 치료를 병행하는 경우가 많다. 이처럼 노인은 신체 질환으로 인하여 정신건강상의 문제가 동반되는 경우가 다른 연령 집단에 비해 많다는 것을 유념할 필요가 있다.

2. 노년기의 정신장애

1) 우울증

(1) 우울증이란 무엇인가

흔히 우울증을 '마음의 감기'로 표현한다. 그만큼 누구나 살면서 쉽게 겪게 되는 마음의 병이라는 의미이다. 실제로 우울증 유병률은 30%에 가깝다. 세 명 중 한 명은 우울증을 앓게 된다는 의미이다. 한 연구에 따르면 65세 이상 한국 노인의 60% 이상은 경미한 우울 증상을 보인다고 한다(김진순, 손태용, 금란, 홍금덕, 1999; 김주희, 김정현, 1998). 다만 우울 증상을 보인다는 것이 치료적 대처가 요구되는 우울증 환자임을 뜻하는 것은 아니다.우울증의 증상으로는 보통 일반적으로 슬프고 우울한 기분을 떠올리지만 기억력이나 집중력 감퇴, 의욕 저하 역시 우울증의 대표적 증상들이다.

(2) 우울증의 진단

우울증은 노인에게서 자주 나타나는 정신장애이다. 그러나 노인들의 우울증 유병률은 측정 도구에 따라 큰 차이를 나타낸다. 우울증을 진단하기 위해 사용되는 기준은 두 가지다. 하나는 미국 정신의학회(American Psychiatric Association)에서 발간한 『정신장애 진단 및 통계 편람 제4판』(DSM-IV; Diagnostic and Statistical Manual of Mental Disorders-fourth edition)이고 다른 하나는 자가진단 체크리스트이다. DSM-IV로 진단한 경우 65세 이상 노인의 우울증 유병률은 1%였다(Regier, Boyd, Burke et al., 1988). DSM-IV의 진단 기준은 [표 4.1]과 같다.

표 4.1 우울증의 진단 기준(DSM-IV)

가	다음의 증상 중 5가지 이상이 동일한 2주 동안에 나타났고, 예전과 기능 차이를 나타낸다: 적어도 하나의 증상이 '우울한 기분' 또는 '흥미 또는 즐거움의 상실'이다. ① 거의 하루 종일 우울증을 보임: 주관적 설명(예: 슬프거나 공허함)이나 타인에 의한 관찰(예: 눈물을 글썽임)에 의해 거의 매일 하루 종일 우울한 기분 상태를 보임 ② 주관적 설명 또는 타인에 의한 관찰로 거의 매일 하루 대부분의 활동에서 흥미가 현저하게 감소됨이 나타남 ③ 식이 조절을 하지 않는데도 불구하고 체중 감소 또는 증가가 나타나거나(예: 한 달에 체중의 5% 이상이 변화함) 거의 매일 식욕의 감소 또는 증가가 나타남 ④ 거의 매일 불면 또는 과수면 ⑤ 거의 매일 정신 운동 흥분 또는 지체(단순히 안절부절못하거나 느려진다는 주관적 느낌뿐만 아니라 타인에 의해서도 관찰이 가능함) ⑥ 거의 매일 피로 또는 에너지 상실 ⑦ 거의 매일 단순한 자기 비난이나 아픈 데 대한 죄책이 아닌 무가치감 또는 과도하고 부적절한 죄책이 보임(망상적일 수도 있음) ⑧ 거의 매일 사고와 집중력의 감소, 결정 곤란을 보임(주관적 설명 또는 타인에 의해 관찰됨) ⑨ 죽음에 대한 반복적인 생각(죽음에 대한 공포가 아님), 구체적 계획이 없는 반복적인 자살 사고 또는 시도나 자살을 자행하려는 구체적인 계획을 보임

나	증상은 혼재성 삽화(조울증에서 조증과 우울증이 공존하는 경우)의 기준에 맞지 않아야 한다.
다	증상은 임상적으로 의미 있는 고통을 일으키거나 사회적 · 직업적, 다른 중요한 기능 영역에서 손상을 일으킨다.
라	증상은 남용 약물, 치료 약물과 같은 물질에 대한 직접적인 생리적 효과나 일반적인 의학적 상태(예: 갑상선 기능 저하증)로 인한 것이 아니어야 한다.
마	증상은 사랑하는 사람의 사별로 더 잘 설명되지 않는다. 즉, 사랑하는 이를 잃고 나서도 증상은 두 달 이상 지속되며, 현저한 기능적 손상, 무가치감에 대한 병적인 집착, 자살 의도, 정신병적 증상 또는 정신 운동 지연의 특징이 있다.

(3) 우울증의 원인

① 생물학적 요인

생물학적 견지에서는 우울증의 원인을 신경전달물질의 불균형이라고 본다. 신경전달물질이란 뇌세포와 뇌세포 사이를 연결하는 화학 물질이다. 우울증과 관련된 신경전달물질은 세로토닌(serotonin)이다. 세로토닌은 뇌하수체에서 분비하는 호르몬으로서, 일명 '행복 호르몬'으로 잘 알려져 있다. 세로토닌은 기분이나 기억 수면 등에 영향을 미치는 신경전달물질이어서 세로토닌 분비가 원활하지 못할 경우 우울증에 걸리기 쉽다. 따라서 우울증을 치료하기 위해 세로토닌을 투약하기도 한다. 대부분의 신경전달물질은 연령이 높아질수록 분비량이 줄어든다. 따라서 노인의 우울증과 신경전달물질의 분비 수준은 직접적인 관련이 있다. 그러나 이 둘 사이의 뚜렷한 인과관계는 아직 밝혀져 있지 않다. 세로토닌 이외에 우울증에 영향을 줄 수 있는 생화학적 요인으로는 갑상선 기능부전증에 의한 갑상선 호르몬의 부족이 있을 수 있으며, 치매, 뇌종양, 뇌졸중, 심혈관 질환 역시 우울증에 영향을 줄 수 있는 생화학적 요인이다(Fry, 1986).

② 심리적 · 환경적 요인

우울증의 원인이 될 수 있는 다른 요인으로는 상실 경험, 역기능적 신념 체계, 질병 등이 있다. 노인의 경우 퇴직이나 자녀와의 분리, 사랑하는 가족이나 친구와의 사별, 질병, 신체적 기능의 저하나 외적 매력의 상실, 노후 대비가 되어 있지 않은 경우 경제적 능력 상실로 인한 빈곤 등 인생 주기상으로 볼 때 우울증의 환경적 요인에 노출되기 쉬운 시기이다. 이러한 이유들로 인하여 많은 임상가들은 노인들이 우울증에 취약한 계층이라고 생각해 왔다. 그러나 Regier 등(1988)이 주요 우울장애로 진단받는 노인이 오히려 다른 계층보다 더 적다는, 이전까지와는 정반대의 연구결과를 발표함에 따라 노인의 우울증에 대한 취약성을 노화의 일부로 여겨 왔던 입장에 변화가 생기기 시작했으며, 이를 설명하기 위한 다양한 이론이 제시되었다. 노인이 우울증에 취약한가 그렇지 않은가는 우울증의 진단도구 선택에 따라 상반되는 결과가 나타날 수 있으므로 이에 대한 명확한 설명은 아직 이루어지지 않고 있다. 그러나 이 과정에서 노인들이 우울증을 유발하는 사건에 노출되는 빈도는 더 높으나 이것이 우울증의 발병으로 곧장 이어지지 않는 원인에 대한 탐구가 이루어졌다. 그 결과에 따르면 노인들은 막중한 사회직 책임과 역할에서 벗어나 심리적 자원을 요구하는 스트레스가 적을 뿐 아니라, 오랜 삶의 경험을 통한 정서조절 능력과 대처 능력의 발달로 적응에 훨씬 유연성이 있을 수 있으므로 인생 주기상의 여러 위험요소에 적절하게 대처할 수 있어 스트레스 사건에 자주 노출됨에도 평정을 유지하는 능력이 더 뛰어나다(김애순, 2012).

(4) 노인 우울증의 특성

노인이 우울증 증세를 호소하는 경우 65세 이후에 처음 발생한 우울증과 그 전에 발생했던 우울증의 재발을 구분한다. 65세 이후 처음 발병한 우울증을 후기(late-life) 혹은 노인성(geriatric) 우울증이라고 지칭하여(Blazer, 1990; Devanand, Nobler, Singer et al., 1994) 이전에 발생했던 우울증(earlier-onset depression)이 노년기에 재발한 경우와 구분한다. 후기 우울증의 경우 극심한 체중 감소, 불면증, 건강 염려증, 부적절한 죄책감을 호소하는 등의 면에서 초기 우울증과는 다른 양상을 보인다는 연구결과가 있다(Brown, Sweeney, Loutsch, Kocsis & Frances, 1984). 또한 노인성 우울증을 겪는 경우 초기 우울증에 비해 성격장애를 가진 경우는 상대적으로 드물며, 재발 가능성이 낮지만 재발할 경우 2개월 이내에 이루어진다는 경향 역시 특징적이다. 최근 연구에서는 노인성 우울증 중 일부가 뇌혈관 장애와 관련이 깊다고 보고 이를 혈관성 우울증(vascular depression)이라고 구분하였다. 이러한 경우 청각 유발반응이 매우 늦으며, 뇌심실 확장 및 뇌피질 위축 등의 해부학적 변화가 발견되었다(Alexopoulos, Young, Meyers, Abrams & Shamoian, 1988). 이러한 경우 노인성 우울증이 치매로 진전될 가능성이 높으며 생활 기능의 손상이 발견되고 정서적 둔감이 더욱 심각하다(Alexopoulos, Meyers, Young, Campbell, Silbersweig & Charlson, 1997). 또한 내분비계 이상으로 인한 코르티솔이나 노르에피네프린의 과잉 혹은 부족이나 뇌의 전심백질과 기저핵 부위의 손상 역시 노인성 우울증의 주된 요인으로 꼽힌다.

(5) 노인 우울증의 치료

우울증의 치료법에는 약물치료, 심리치료, 전기충격치료가 주로 사용된다. 미국의 국립보건연구소(National Institutes of Health; NIH)는 '노년기 우울증의 진단, 치료를 위한 합의 도출 회의(Consensus Development Conference on Diagnosis and Treatment of Depression in Late Life)'에서 노인 우울증의 일차치료는 약물, 두 번째가 전기충격, 세 번째가 심리치료라고 결론지었다. 그러나 후속연구들에 따르면 다른 연령대와 마찬가지로 약물치료와 심리치료를 병행하는 것이 재발 방지에 가장 효과적인 것으로 밝혀졌다(Charney, Reynolds, Lewis, Lebowitz, Sunderland & Alexopoulos, 2003).

① 약물치료

현재 우울증 치료를 위하여 가장 널리 활용되는 방법은 항우울제를 통한 약물치료이다. 우울증 치료를 위한 약물에는 헤테로사이클릭 항우울제(Heterocyclic Antidepressants; HCAs), MAO 억제제(Monoamine Oxidase Inhibitors; MAOIs), 선택적 세로토닌 재흡수 억제제(Selective Serotonin Reuptake Inhibitors; SSRIs)가 있다. 이 중 HCAs의 경우 노인이 이미 복용하고 있는 다른 약물(항고혈압제, 대사문제관련 약물 등)과 상충되는 경우가 많으며, 심혈관계 부작용이나 기립성 저혈압, 항콜린현상(입마름 등의 부작용) 등의 부작용을 일으키는 경우가 많아 노인에게 사용할 때는 각별한 주의가 필요하다. 또한 MAO 억제제의 경우 티라민을 함유한 음식물과 상호작용하여 고혈압을 일으키기도 한다. 노인에게 항우울제를 처방할 때는 약물 흡수율, 신진대사, 약물 빈감기 등에 대한 노화의 영향을 고려하여야 한다.

② 심리치료

1991년에 NIH가 심리치료를 노인 치료에 있어 가장 나중에 고려할 방법이라고 결론을 내린 이후 이에 대한 많은 연구가 이루어졌다. 특히 Forrest Scogin과 Lisa McElreath(1994)는 메타분석을 통해 노인 우울증에 대한 심리사회적 개입의 효과가 상당한 수준임을 증명하였다. 노인에게 가장 많이 쓰이는 심리치료 기법으로는 인지행동치료, 정신분석치료, 대인관계치료 등이 있다. Dolores Gallagher Thompson과 Larry

Thompson(2007)이 우울증으로 인지치료, 행동치료, 정신분석치료를 받는 노인들의 치료효과를 비교한 결과, 4개월 후 참여자의 절반 정도가 회복을 보였으며 이들은 1년 후와 2년 후에 경과를 조사하였을 때에도 높은 유지율을 나타내었다.

2) 알코올 중독

건강보험심사평가원의 발표에 따르면 알코올 중독 진료 청구 건수는 2010년 26만 6,202건, 2011년 27만 8,794건, 2012년 32만 8,903건으로 매년 증가했다. 이 중 60대 이상 노년층 알코올 중독 치료 청구 건수는 2010년 6만 5,750건에서 2011년 7만 1,692건, 2012년 8만 5,302건으로, 2010년과 2011년 사이에는 9%, 2011년과 2012년 사이에는 19% 증가하였다. 알코올 중독은 정신과에 입원해 있는 환자의 30.4%로, 52.1%인 정신분열증 다음으로 많은 환자가 입원치료를 받고 있는 정신질환이다(건강보험심사평가원, 2010).

(1) 알코올 중독이란 무엇인가

알코올 중독은 크게 알코올 남용과 알코올 의존으로 나뉘는데, 알코올 남용은 알코올로 인하여 학업이나 생업에 방해를 받거나 신체적으로 무리가 따르는데도 알코올을 섭취하는 경우, 가족관계나 대인관계에 곤란을 겪거나 법적분쟁에 휘말리는 경우를 말한다. 이러한 기준에 따르면 한국의 많은 성인들은 알코올 남용에 해당된다. 알코올 의존의 경우 알코올 남용의 기준보다 더욱 심각한 상태의 부적응적 문제를 경험하고, 알코올에 내성을 나타내며 손 떨림, 식은땀, 환시나 환청 등의 금단 증상을 경험하게 된다.

(2) 알코올 중독의 진단

알코올 중독은 물질관련장애에 속하는 정신과적 질환이다. 물질관련장애(substance-related disorders)는 중독성을 지닌 다양한 물질과 관련된 심리적 장애를 말한다. DSM-IV에서는 물질관련장애를 물질사용장애와 물질유도성장애로 나눈다. 중독성을 가진 물질이 알코올일 경우 알코올 섭취의 양이 지나치면 심리적 기능이 손상되어 직장생활이나 가정생활을 영위하기가 어려워져 경제적 궁핍이나 이혼 등으로 정상적인 생활이 어려운 지경에 이른다. 현재 알코올 중독을 진단하기 위해 사용하는 도구는 DSM-IV에 따른 물질관련장애 진단기준이다. 그러나 DSM-IV의 진단기준은 주로 젊은 연령 집단을 근거로 만들어졌기 때문에 이를 노인에게 그대로 적용하기에는 무리가 있다. 예를 들어 노인의 경우에는 직장생활이나 육아 등의 표준적인 일상의 과제를 적절히 수행하는지에 대답하기 어려운 경우가 있을 수 있다. 또한 노화에 따른 질병 등으로 인하여 중독이나 금단증상이 젊은 연령집단과는 다르게 나타날 수도 있다(이장호, 강숙정, 김지은 등, 2009). 따라서 노인들에게 이 진단기준을 적용할 때는 사용 양상에 초점을 맞추어야 한다는 연구가 발표되기도 하였다(Atkinson, 1990). 최근에는 CAGE질문지(Ewing, 1984), 미시건 알코올 중독 스크리닝 테스트(Michigan Alcoholism Screening Test; MAST, Selzer, 1971) 등의 평가도구를 노인을 대상으로 타당도를 검증하여 노인의 물질의존을 정확하게 진단하기 위한 여러 연구가 진행 중이다.

(3) 알코올 중독의 원인

① 생물학적 요인

연구에 따르면 알코올 중독자의 아들이 알코올 중독자가 되는 비율은 25%로, 일반인보다 4배나 높았다(Goodwin, 1991). 또한 병원에 입원한 알코올 중독 환자의 친인척 중 80% 이상이 알코올 관련 문제를 겪고 있었다고 한다(Hesselbrock & Hesselbrock, 1992). 쌍둥이 연구에서도 일란성 쌍둥이가 동시에 알코올 관련 문제를 겪고 있는 경우가 이란성 쌍둥이가 그러한 경우보다 더 자주 있는 것으로 나타났다(Kendler, Heath, Neale, Kessler & Eaves, 1992). 또한 알코올 의존을 겪은 가계에서 태어난 남자가 알코올 관련 문제를 겪을 확률은 보통의 경우보다 2배 내지 3배가량 더 높았으나 여성의 경우는 그렇지 않았다(McGue, 1993). 알코올 문제가 유전되는 가계의 구성원들은 ALDH효소 등 알코올을 처리하는 신체적 자원이 남들에 비해 더 풍부하여 음주에 수반되는 신체적 불쾌감을 덜 느낀다는 것도 이에 대한 설명이 될 수 있다(Lebsack, Felder & Lieber, 1982).

② 심리적 · 환경적 요인

과음이나 폭음에 허용적인 가족 문화에서 자란 개인은 성인이 되어서 음주와 관련된 문제를 겪게 될 가능성이 높다(권석만, 2003). 알코올 중독 남성은 두 부류로 나뉘는데, 알코올 문제를 가진 가족 구성원을 둔 사람들은 음주 시작 연령이 평균보다 낮았으며 음주충동 억제에 문제를 겪었다. 이들은 알코올 때문에 겪게 되는 문제 상황에 대해 부끄러워하거나 죄책감을 느끼는 일이 드물었으며, 알코올로 인하여 가정이나 직장 등의 개인적 영역에서 만성적 문제를 가지고 있었다(Cloninger, 1987). 또 다른 부류의 사람들은 일반적으로 실연, 가정불화, 별거 혹은 이혼, 직장에서 동료와의 경쟁과 갈등, 실직, 사회적 역할 상실, 사별 등의 고통스러운 개인적 경험에 자주 노출되어 알코올 관련 문제를 겪고 있었으며 알코올 문제에 대해 심한 수치심을 느끼는 것으로 나타났다.

③ 사회적 요인

음주문화는 거의 모든 문화권에서 발견되나 그 양상은 각기 다르다.

따라서 특정 문화권이 음주에 대해 어떤 태도나 양상을 보이느냐는 그 문화권 구성원의 음주행동에 큰 영향을 미치게 된다. 미국에서는 인종 간 음주문화의 차이가 그 구성원의 알코올 중독에 끼치는 영향에 대한 연구가 많이 이루어졌다. 사교 및 친목 음주의 결과에 대한 회귀분석을 실시한 결과 교육수준이나 음주량, 공공장소에서의 음주, 인종이 서로 높은 상관관계가 있는 것으로 나타났다. 음주문화가 구성원의 음주행동에 영향을 끼친다는 이러한 연구들은 한국인의 음주행동의 많은 부분들을 설명한다. 한국문화는 과음에 대해 매우 관대하다. 성폭행 등의 범죄에 대해서도 과음으로 인한 것이라면 감형해 주는 판례들은 과음에 대한 한국문화의 관대함을 잘 보여 주는 단적인 예이다.

(4) 노인 알코올 중독의 특성

노인은 알코올 사용으로 인한 문제 양상이 전형적이지 않은 경우가 많아 진단에 어려움이 있다. 또한 노인은 자신의 음주 문제를 부인(denial)하는 경우가 많아 치료에 적극적이지 않은 경우가 많다. 노인의 음주 성향은 한 번에 마시는 양은 적으나 거의 매일 섭취하며, 음주로 인한 기억상실(blackout)이 더 오래 지속된다는 특징이 있다. 또한 알코올에 중독된 노인들은 심한 식욕부진을 겪고 있으며 많은 경우 간질환을 앓고 있는 것으로 나타났다. 노인은 신체 내 수분이 지방으로 전환되어 수분량이 부족하므로 알코올을 섭취할 경우 혈중 알코올 농도가 쉽게 올라가 섬망이나 낙상과 같은 사고를 겪을 확률이 더 높다. 또한 노화로 인해 간의 알코올 분해 효소가 감소하여 알코올 분해가 원활히 이루어지지 않아 간이 쉽게 손상된다. 또한 과음으로 인한 뇌의 손상도 노인의 경우 더 심하다. 노인 전기발병 알코올 중독(early-onset)은 이미 청년기부터 진행되어 온 경우가 많으므로 음주로 인한 손상이 간이나 췌장 등의 신체기관에 오랫동안 누적되어 다른 내과적 질환에 대한 이환율이 높다.

(5) 노인 알코올 중독의 치료

알코올 중독의 원인이 그러하듯이 치료 역시 다각적이다. 알코올 중독은 환자 스스로가 알코올 문제의 심각성을 인정하는 데서부터 치료가 시작된다. 알코올에 관련된 자신의 문제를 인정하고 이를 극복하려는 의지에 따라 자연치유의 비율이 20%에 달한다(이정균, 1981). 알코올 중독의 경우 신체적 · 심리적 문제가 동반되므로 이 두 측면에서 동시에 접근해야 한다. 알코올 중독자는 신체적 금단현상을 이기지 못해 음주행동을 한 후 자책감이나 수치심에 사로잡히게 되고 이로 인한 압박감을 견디지 못해 다시 음주행동으로 문제를 일으키는 악순환을 반복하게 된다. 따라서 알코올 중독의 신체적 증상을 다루는 알코올 해독과, 계속해서 알코올에 의존함으로써 생겨난 심리적 문제를 다루는 심리치료를 병행한다.

① 알코올 해독

알코올 해독 과정은 금단현상을 치료하는 것이다. 알코올 중독의 경우 술을 끊은 지 6~24시간 안에 경련이나 발한, 섬망 등의 금단현상이 나타나며, 해독이 끝난 후에는 우울이나 불안, 불면증이 나타난다. 이러한 급성 금단증상 치료에는 벤조다이아제핀, 로라제팜 등이 처방된다. 노인의 경우 해독기간이 더 오래 걸릴 수 있으며, 건망증 증후군을 예방하기 위해 티아민이 처방된다(이장호 등, 2009). 노인 알코올 중독증 환자의 경우 만성적인 경우가 많으므로 내과적 문제를 동반하는 경우가 많다. 일반적으로 노인 알코올 중독 환자들은 말초신경 장애, 급성 및 만성 췌장염, 알코올성 간질환, 위장 내 출혈, 심근증, 암, 전해질 및 신진대사 장애를 앓고 있는 경우가 많았다(Solomon, Manepalli, Iraland & Mahon, 1993). 금주를 위해 처방되는 약물로는 알타부스, 날트렉손이 있는데 금주에 큰 도움이 되는 것으로 나타났다. 그러나 노인에게 이러한 약물을 처방할 때는 신진대사 저하 등의 요인을 고려하여 투여량이나 투여 기간에 신중해야 한다.

② 심리치료

- 인지행동치료: 행동치료에서는 음주에 대한 긍정적 기대를 파괴하고, 음주와 불쾌감 사이에 새로운 연결고리를 형성하는 데 주력한다. 음주와 불쾌감을 연결시키는 데는 약물을 사용하기도 하고 심상 요법을 사용하기도 한다. 약물을 사용하는 경우에는 음주 시 심한 불쾌감을 느끼게 하는 약물을 투여하여 음주로 인한 불쾌한 경험을 축적시킨다. 혹은 술을 마시는 장면과 구토하는 장면을 함께 연상하도록 유도함으로써 음주 경험을 불쾌한 경험으로 전환시킨다. GAP(Gerontology Alcohol Project)는 매우 성공적인 인지행동치료 사례로 꼽힌다. 이 프로그램은 평균연령 64세인 48명의 후기 발병 알코올 남용자를 대상으로 진행되었으며 74%의 성공률을 보였다.
- 집단심리치료: 집단심리치료는 노인들의 고립감을 줄여 주고 다른 노인들의 지지나 공감을 얻게 함으로써 심리적인 지지를 제공한다. 노인의 경우 자신의 삶의 경험에 대해 이미 획득된 태도가 견고한 경향이 있어 1:1 상황에서 치료자에게 조언을 구하는 방식의 지시적인 치료방식이 효과를 거두기 어렵다. 그보다는 같은 연령대의 동료에게 공감이나 지지를 받음으로써 문제를 인정하고 치료를 위해 노력하는 변화를 기대할 수 있다.
- A. A.(Alcoholic Anonymous): A. A.는 '익명의 알코올 중독자 모임'을 줄인 말이다. 이 자조 모임은 미국에서 시작되어 전 세계에서 시행되는 효과적인 알코올 중독 치료 모임이다. 이들은 알코올로 인해 겪었던 자신의 문제를 서로 이야기하고 금주 경험을 공유함으로써 금주라는 공통의 목적을 위해 서로 격려하고 지지한다. 이들은 같은 문제를 겪고 있다는 공감을 쉽게 얻을 수 있고 효과적인 금주를 하고 있는 다른 사람을 본보기로 삼을 수도 있다. 또한 금주에 필요한 정보를 쉽게 얻을 수 있으므로 서로에게 큰 도움이 된다.

3) 불안장애

(1) 불안장애란 무엇인가

국민건강보험공단 건강보험정책연구원의 보고서에 따르면 불안장애로 병원을 찾은 사람의 수는 2008년에 39만 7천 명으로, 2001년에 비하여 1.5배 증가하였다. 이 중 60대 이상은 12만 2천 명가량으로, 전체의 약 30%에 달했다. 특히 연령대별 실진료환자 수의 증가율은 연령대에 비례했는데, 이 중 특히 70대 이상은 2.4배, 80대 이상은 2.8배의 높은 증가율을 보였다. 불안의 경우 실제로 병원을 찾을 가능성이 낮다는 것을 고려할 때, 실제로 불안으로 고통 받는 노인은 상당수일 것으로 보인다. 미국 질병관리국(ECA)이 60세 이상의 노인을 대상으로 조사한 결과 노인들의 불안장애 유병률은 공포증(0~10.0%), 범불안장애(0.7~7.2%), 공황장애(0.1~1.0%)의 순으로 나타났다. 범불안장애는 일반적으로 10대 중반에서 20대 초반에 발생하여 증상이 평생 동안 지속되면서 상황에 따라 증세가 악화되거나 호전되거나를 반복하는 경향이 있다.

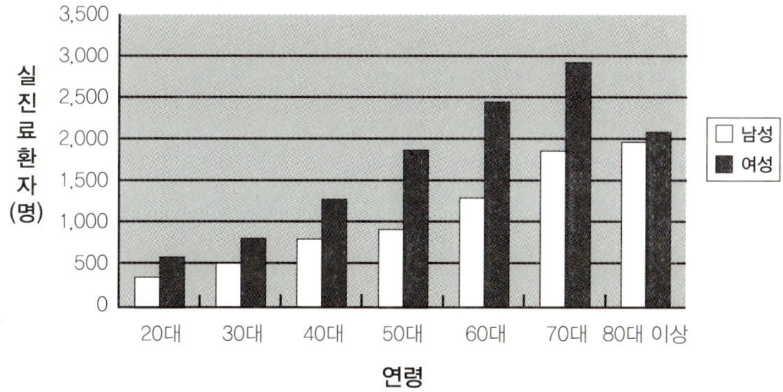

그림 4.1 '불안장애' 10만 명당 건강보험 실진료환자 수(2008년 기준)
자료: 국민건강보험공단

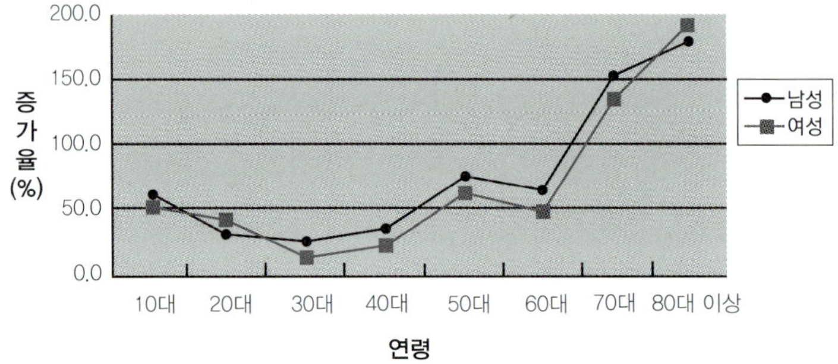

그림 4.2 최근 8년간, '불안장애' 건강보험 실진료환자 수 증가율(2001~2008년)
자료: 국민건강보험공단

(2) 불안장애의 진단

걱정이나 불안은 누구나 경험할 수 있는 감정이기에 우울감에 비해 가볍게 여기는 경우가 많으며, 실제로 불안장애에 대한 진단은 모호한 면이 있다. DSM-IV에서는 불안장애를 범불안장애, 공포증, 공황장애와 같이 세 가지로 분류한다. 이 중 범불안장애는 과도한 걱정을 핵심적인 증상으로 하며 걱정의 주된 주제는 가족, 직업적 또는 학업적 무능, 재정 문제, 미래의 불확실성, 인간관계, 신체적 질병에 대한 것이다(Sanderson & Barlow, 1990; Tallis, Eysenck & Mathews, 1992). 공포증은 특정한 것(장소, 자연환경, 신체적 상해, 동물)에 대해 비현실적인 공포심을 느끼는 것이며, 공황장애는 예상하지 못한 상황에서 갑자기 불안감에 압도되는 상태가 10~20분가량 지속되다가 사라지는 증상이다. 노인들의 주된 불안장애 증상은 일반적인 걱정거리들로, 이는 범불안장애에 가깝다(Blazer, George & Hugues, 1991). 범불안장애의 DSM-IV 진단기준은 [표 4.2]와 같다.

표 4.2 범불안장애의 진단 기준(DSM-Ⅳ)

가	(일이나 학업수행과 같은) 많은 사건이나 활동에서 과도한 불안과 걱정이 적어도 6개월 이상 지속되고, 불안한 날이 불안하지 않은 날보다 더 많다.
나	다음 여섯 개의 인지적이고 정동적이거나 신체적인 증상 가운데 세 가지와 관련되어야 한다. ① 안절부절못하고 긴장이 고조되거나 가장자리에 선 느낌 ② 쉽게 피로해짐 ③ 주의집중 곤란 혹은 멍해지는 느낌 ④ 신경과민 ⑤ 근육 긴장 ⑥ 수면장애(잠들기 어렵거나 잠을 지속하기 어려움 혹은 불만족스러운 수면)
다	불안, 걱정 혹은 신체적인 증상들이 중요한 기능 영역에서 유의미한 불편감이나 손상을 야기해야 하며, 불안이나 걱정이 공황발작이나 공포반응의 촉발인이나 결과 같은 다른 심리장애 특징들에 국한되지 않는다.

(3) 불안장애의 원인

① 생물학적 요인

불안장애는 직계가족 사이에서 자주 발견되며 이란성 쌍둥이보다 일란성 쌍둥이의 공병률이 더 높다. 그러나 이는 불안장애 자체가 유전된다기보다는 불안장애를 일으킬 수 있는 여러 특징들이 유전된다고 보는 것이 타당하다는 주장이 설득력을 얻고 있다(Kendler et al., 1995).

② 심리적 · 환경적 요인

불안장애를 겪는 개인들은 위험에 대한 독특한 지각 체계를 가지고 있다. 이들은 다양한 환경적 자극을 위험신호로 과장 혹은 왜곡하여 지각한다(Beck & Emery, 1985; Butler & Mathews, 1987). 이들은 위험에 대한 인지도식(schema)이 발달되어 있어서 일상생활 속에서 위험으로 연결될 수 있는 자극들에 많은 주의를 기울인다. 인지도식이란 경험을 통해 축적된 기억체계로, 위험에 대한 인지도식이 발달된 사람들은 같은 환경에서도 위험에 관련된 자극을 민감하게 발견하고 이에 반응한다. 이들은 애매한 생활 사건을 다른 사람보다 더 위협적으로 해석하고(Butler & Mathews, 1983) 여러 자극 중에서 위험과 관련된 자극에 보다 주의력의 초점을 맞춘다(Mathews & Macleod, 1986). 이들은 위험과 연관될 수 있는 자극에 대해 과장해서 지각하거나 보다 더 예민하게 지각하여 여기에 그 결과에 대해 꼬리를 계속해서 붙이며 점점 더 부정적인 결과를 예상한다. 이를 파국화(catastrophizing)라고 한다.

(4) 노인 불안장애의 특성

노인들은 불안을 정서적 상태로 설명하기를 꺼리며 불안을 지각할 때 신체적 증상으로 해석하므로 불안을 느낄 때 신체적 증상을 호소하는 경우가 많다(Flint, 1994). 따라서 불안장애에 대한 초기 치료는 정신과 의사가 아닌 일반의에 의해 제공되는 경우가 대부분이다. 미국 국립정신보건연구소(NIMH)의 조사에 따르면 미국에서 불안장애에 대한 평생 유병률은 모든 정신의학적 상태 중에서 가장 높았다. 그러나 노인에게서 불안장애의 유병률이 높게 나타난다는 것이 노인이 다른 연령집단보다 불안을 더 느낀다는 의미는 아니다. 연구결과 일반적인 노인들은 젊은 성인들보다 오히려 걱정을 덜 하는 것으로 나타났다(Powers, Wisocki & Whitbourne, 1992). 불안장애를 호소하는 노인들은 일반적인 불안장애에서 나타는 특징과 거의 유사한 특징을 나타내었다. 이러한 점으로 미루어 볼 때 노화 자체가 불안장애의 원인이 된다고 보기에는 어렵다. 불안장애를 겪고 있는 노인들은 여러 의학적 질환을 동시에 호소하는 경우가 많다. 특히 심근경색, 만성 폐쇄성 폐질환, 갑상선 기능항진증 등에 따른 신체증상은 불안으로 인한 신체증상과 유사한 경우가 많았으며, 이러한 질병을 앓고 있는 노인들 중에서 불안장애 증상을 나타내는 노인의 비율이 높았다(Cohen, 1991).

(5) 불안장애의 치료

앞서 언급하였듯이 노인들의 불안은 일상생활에서는 걱정의 형태로 나타나며 걱정은 다른 심리적 문제들에 비해 비교적 가볍게 여겨지는 경우가 많다. 대부분의 노인들은 심리적 문제를 치료하기 위해 전문적 도움을 요청하지 않으며, 불안의 경우 더욱 그러하다(Thompson, Gallagher & Breckenridge, 1987). 불안장애에 대한 치료법은 그 하위분류(범불안장애, 특정 공포증, 공황장애)에 따라 조금씩 다르다. 일반적으로 약물치료와 심리치료를 병행하는 것이 효과적이라고 알려져 있다.

① 약물치료

불안장애에 일반적으로 사용되는 약물은 벤조다이아제핀(Benzodiazepine), 바륨(Valium), 리브륨(Librium), 세락스(Serax), 아티반(Ativan)이 있다. 이 중 가장 널리 사용되는 약물은 벤조다이아제핀이다. 그러나 이 약물은 내성이 있어 사용량을 점차 늘려야 하고 장기 복용 시 심리적·신체적 의존성이 생겨 복용을 중단할 경우 금단증상이 나타나기도 한다. 더욱이 노인의 경우 약물의 흡수나 대사 문제에서 일반 성인과 차이를 보이므로 약물 처방 시 양에 대해 조심해야 하며 약물 처방 후의 반응에 주의를 기울여야 한다. 특히 벤조다이아제핀은 졸음 등으로 인하여 운전이나 학업, 직업능력 수행에 부정적인 영향을 끼칠 수 있으며, 노인의 경우에는 기억상실, 지남력 혼란 등의 문제를 나타낼 수 있으므로 사용에 주의해야 한다. 또한 노인들은 다른 신체 질환으로 인한 약물을 복용하고 있는 경우가 많으므로 약물 간의 상호작용에 대해서도 신중하여야 한다.

② 심리치료

일반적으로 불안장애에 가장 효과적인 심리치료는 인지행동치료로 알려져 있다. 이 중 행동치료 기법들은 대부분 학습이론에 기초를 두고 있는데, 이 이론에서는 학습이나 경험을 통해 중성자극이 공포자극으로 조건형성된다고 본다. 즉, 개에 대해서 공포감을 가지는 개인은 개와 공포를 잘못 연관 짓고 있다는 것이다. 행동치료에서 주로 사용하는 기법들은 다음과 같다.

- 체계적 둔감법(systematic desensitization): 두려워하는 대상이나 상황에 대한 노출을 조금씩 늘려서 이에 대한 공포 반응을 줄이는 방법이다.
- 참여적 모방학습법(participant modeling): 다른 사람이 자신의 공포 자극에 침착하게 대처하는 모습을 보게 하여 공포 자극에 대한 두려움을 낮추는 방법이다.
- 이완훈련(relaxation training): 공포 반응으로 인한 근육의 긴장이 더욱 심한 공포감으로 이어지는 악순환을 막기 위한 방법으로, 호흡법이나 연상하기 등을 통해 신체적 이완을 가져오고, 이로써 심리적 긴장을 낮추는 방법이다.
- 인지 재구조화(cognitive restructuring): 공포 자극에 대한 인지적인 재해석을 통해 새로운 인식을 가지게 하여 공포감을 제거한다.

이 밖에도 걱정사고 기록지를 작성하여 일상생활을 방해하는 걱정거리들을 하나씩 논박하여 걱정이 떠오를 때마다 논박사고를 하거나 걱정하는 시간을 따로 정해 놓고 나머지 시간에는 다른 일에 집중하거나 공포에 수반되는 신체적 긴장을 이완시켜 공포감의 상승을 막는 등의 방법들이 사용된다.

4) 자살

세계보건기구(WHO)에 따르면 자살은 치명적인 결과를 초래하는 자해행위이다. 프로이트는 개인의 공격성이 자기 자신을 향할 때 자살을 하게 된다고 설명했다. 자살은 그 의도에 따라 크게 두 가지로 나뉜다. 하나는 절망으로 자포자기하여 삶을 스스로 중단하려는 의도의 자살이며, 또 하나는 자살을 통해 주변이나 세상을 뜻대로 움직이려 하거나 자신에게 고통을 준 대상에게 복수하려는 자살이다. 청소년은 가족이나 학교 등에 좌절감이나 증오심을 가지게 되었을 때 이에 대한 보복으로 자살을 하는 경우가 많은 반면, 노인은 삶을 포기하여 자살에 이르는 경우가 많다(Weiner, 1982). 그러나 연령에 관계없이 자살자의 많은 수가 정신과적 장애를 가지고 있으며, 그중 대다수는 우울증으로 고통 받는 경우가 많았다. 미국과 영국 등에서 실시한 심리부검에서 자살자의 71~90%가 우울증을 포함한 주요 정신장애를 가지고 있었다는 사실과, 자살자의 94%가 Beck의 절망감 척도에서 9점 이상을 받았다는 사실은 우울감이 자살과 직결되는 감정임을 증명한다.

(1) 노인의 자살 문제

일반적으로 노인의 자살률은 젊은 사람보다 3배 정도 높다고 알려져 있지만 한국의 경우 1980년대까지만 해도 이와는 반대로 노인의 자살률이 훨씬 낮았다. 그러나 한국의 자살률은 외환위기 후 계속해서 치솟아 사회 문제가 되고 있다. 보건복지부 조사에 따르면 한국의 인구 10만 명당 자살률은 1995년에 11.8명이었으나 외환위기가 일어난 1998년 19.9명으로 급증한 후 주춤하다가 2002년부터 다시 상승하기 시작해서 2009년에는 28.4명, 2010년에는 33.5명으로 정점을 찍었다. 우리나라의 이러한 높은 자살률은 다른 OECD 회원국들의 자살률이 하락세를 보이고 있는 것과는 반대이며, 세계에서 자살률 2위인 헝가리(23.3명)보다 도 훨씬 높다. 이 중 눈에 띄는 것은 노인의 자살률이다. 1995년의 자살률을 들여다보면 인구 10만 명당 30대 초반은 12.1명인데 반해 70대 중후반 노인의 경우는 27.5명으로 노인의 자살률이 두 배 이상 높았다. 노인 자살률은 1995년과 2005년을 비교해 볼 때 60대 초반의 경우는 17.4명에서 48명으로 175%, 70대 중후반은 27.5명에서 89명으로 223% 증가하였다. 한국의 자살 문제에서 노인의 자살이 큰 비중을 차지하고 있는 것이다. 노인의 자살률 증가는 한국 사회에서 나타나는 독특한 현상으로, 이에 대한 깊은 이해와 성찰이 필요하다.

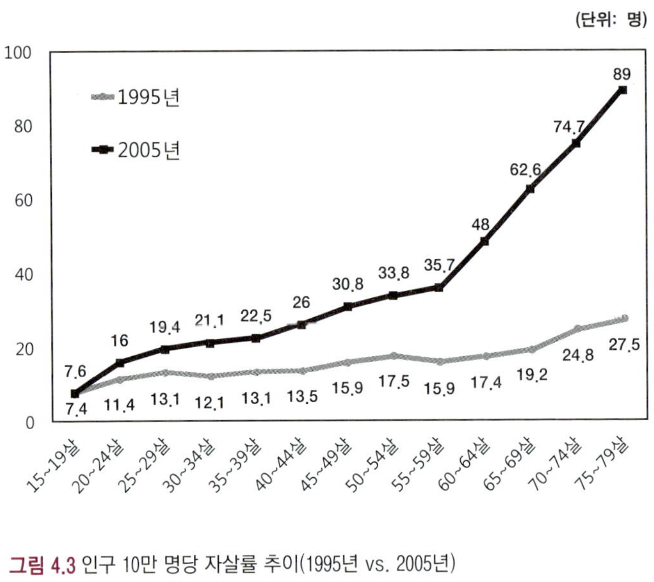

그림 4.3 인구 10만 명당 자살률 추이(1995년 vs. 2005년)
자료: 통계청(2012)

(2) 노인 자살의 원인

자살에 관여하는 요소는 매우 복합적이지만 연구자들이 자살의 원인을 탐구하는 방식에는 보통 두 가지가 있다. 하나는 우울증 등의 개인적 원인을 조사하는 방식이고 다른 한 가지는 자살에 관련된 사회적 원인을 조사하는 방식이다. 자살과 연관을 보이는 개인적 요소들로는 우울증, 알코올 중독, 외로움, 절망감, 체념, 낮은 자아존중감, 삶의 만족감 감소 등이 있을 수 있다(김형수, 2002: NIH, 1992). 노인 자살의 원인으로 가장 결정적인 요소는 우울증인 것으로 밝혀졌다. 가족 등 사회적 지지를 제공하는 자원의 부족 역시 노인의 자살을 일으킬 수 있다(김형수, 2002; Alexopoulos, Bruce, Hull, Sirey & Kakuma, 1999).

자살의 개인적 원인을 조사하는 방법은 자살로 이어지는 자살자의 정서나 사고 등을 이해하는 데는 도움이 되지만 자살률의 증가나 연령별 자살률의 차이와 같은 거시적 관점에서 자살을 설명하는 데는 한계가 있다. 특히 2000년대 들어서 급증하고 있는 노인 자살률 추이를 설명하기에는 역부족이다. 전문가들은 한국 노인의 높은 자살률이 노인복지의 미비와 관련이 깊다고 본다. 조사에 따르면 한국의 경우 노인의 취업률은 30%에 이른다. 이에 비해 영국, 독일, 이탈리아는 3% 이내, 미국은 15%, 일본은 19.8%에 그친다. 한국 노인들의 높은 취업률은 생계를 위해 일을 해야만 하는 노인들의 현실을 보여 준다. 한국 노인들은 대부분 비정규직에 종사하고 있으며 최저생계비에도 못 미치는 절대빈곤상태에 노출되어 있다. 이는 노인 우울증이 낮은 수득수준, 낮은 교육수준, 나쁜 건강상태와 연관된다는 연구결과와도 관련이 있다(양수, 김남초 2001; 고현남, 이삼순, 한회자, 2001; 이수애, 이경미, 2002; 장미희, 김윤희, 2005; 이익섭, 김서원, 2005; 배지연, 김원형, 윤경아, 2005; 정영미, 2007; 배진희, 2009). 극도의 빈곤상태는 우울의 원인이 되며 우울은 노인 자살의 가장 강력한 단일요인으로, 노인 자살사건 중 50~70%를 차지하는 중요 요인이기 때문이다(Conwell, Caine & Olson, 1990).

(3) 노인 자살의 특성

노인의 자살은 다른 연령 집단에 비해 독특한 양상을 띤다. 우선 전체 인구에서 남성의 자살률이 여성보다 높게 나타나며, 이러한 차이는 노인층에서 더 현저하게 나타난다(박경애, 1996; Patricia, 2003). 노인은 주변을 뜻대로 조정하려는 의도나 복수심 때문에 자살하는 경우가 드물며, 또한 치명적인 결과를 가져오는 자살 방법을 선택하는 경우가 많기 때문에 한 번의 자살 시도가 죽음으로 직결되는 경우가 많다. 노인 자살의 일반적 특성은 다음과 같다.

첫째, 노인이 자살을 시도할 때 미수에 그치는 경우는 드물다. 자살 미수와 실제 자살의 비율은 전 연령층에서는 8~9:1로 나타나나 노년층에서는 4:1 정도로 나타난다. 이는 노인이 자살을 실행할 경우 죽음으로 이어질 확률이 높다는 것을 의미한다.

둘째, 노인의 자살은 사전에 치밀하게 계획된다. 자살은 급성적 자살과 만성적 자살로 나누기도 한다. 급성적 자살이란 건물에서 뛰어내리거나 독약을 마시거나 하여 죽는 것이며, 만성적 자살이란 의도적으로 자신을 돌보지 않는 방식으로 서서히 죽음에 이르는 것이다. 만성적 자살의 대표적 방법이 아사이다. 실제로 많은 독거노인들이 치명적인 질병을 치료받기를 거부하거나 음식물 섭취를 거부함으로써 사망한다. 이러한 자살의 경우 자연사로 위장되는 경우가 많다.

셋째, 노인의 자살은 남은 가족에 의해 은폐되는 경우가 많다. 앞서 언급한 바와 같이 노인이 만성적 자살을 선택한 경우 남은 가족이 수치심이나 죄책감으로 인하여 자살을 자연사로 은폐하는 경우가 많다. 가족의 보살핌을 받지 못하고 혼자 지내는 노인의 만성적 자살까지 포함한다면 실제 노인 자살률은 더욱 높을 것으로 예상된다.

넷째, 주변사람에게 자살신호를 보낼 확률이 낮다. 대부분의 연령대에서 자살자는 자살을 실행하기 전에 주변에 자살신호를 보낸다. 자살신호란 아끼는 물건을 주변 사람에게 그냥 준다거나 작별인사를 한다거나 하는 행동을 의미한다. 노년층의 경우 주변에 자살을 예측할 수 있는 실마리를 주지 않는 경우가 많다.

(4) 자살의 예방

자살에 대한 치료적 접근은 자살이라는 행위의 특성상 예방에 중점을 두므로 심리치료나 약물치료 등을 제공하는 정신보건 관련 기관보다는 중앙정부나 지자체 등이 주도하는 사회복지의 영역에서 주로 활용된다. 최근 심각한 사회 문제로 대두되고 있는 노인 자살에 대해 다양한 예방책이 정부 차원에서 시행되고 있다. 자살의 주된 원인이 되는 우울증이나 알코올 중독의 치료 역시 자살 예방의 영역에 포함될 수 있다.

① 보편적 예방

노인 전체를 대상으로 자살을 예방하기 위한 캠페인이나 자살 예방 교육 등을 실시하는 것이다. 노인 자살의 경우 경제적 궁핍과 연관이 있는 것으로 밝혀졌으므로 노인복지 확충 등은 자살의 보편적 예방에 포함될 수 있다.

② 선택적 예방

자살에 취약성이 있다고 판단되는 노인계층(독거노인 등)을 방문하는 등 사회적 연결망을 제공하여 자살의 위험성을 낮추는 방법이다.

③ 집중적 예방

우울증이나 알코올 중독을 가지고 있는 노인에게 적극적인 치료를 제공함으로써 자살을 예방하는 방법이다. 미국이나 호주, 일본 등에서는 지역사회를 중심으로 자살 고위험군에 속하는 노인들을 관리하는 프로그램을 실시하고 있다(Oyama, Fujita, Goto, Shibuya & Sakashita, 2006).

5) 수면장애

(1) 수면장애란 무엇인가

수면장애(sleep disorder)란 잠이 드는 것 혹은 수면상태를 유지하는 것의 어려움에 대한 주관적 호소가 현저한 고통과 동시에 혹은 별개로 사회적 혹은 직업적 기능의 약화를 동반하는 경우를 말한다(American Psychiatric Association, 1994). 수면장애는 크게 수면곤란증(dyssomnia)과 수면이상증(parasomnia)으로 구분되는데, 우리가 일반적으로 알고 있는 불면증이나 과다수면증 등은 수면곤란증에 해당한다. 가장 흔한 형태의 수면장애는 불면증(insomnia)으로, 전체 인구의 30% 정도가 살면서 한 번은 경험하게 되는 가장 보편적인 형태의 수면장애이다.

국민건강보험공단의 2013년 발표에 따르면, 수면장애로 진료 받은 환자의 수는 2008년 22만 8천 명에서 2012년 35만 7천 명으로, 최근 5년 동안 12만 9천 명 증가했다. 이 발표에 따르면 2010년에 수면장애로 치료 받은 환자들 중 60대 이상은 12만 5천 명으로, 전체의 43.2%를 차지한다. 70대와 80대로 갈수록 환자도 증가했다. 이 중 주목할 만한 점은 불면증 유병률이 80대가 1,000만 명당 20만 명으로 가장 높았다는 점이다. 건강한 수면을 이루지 못하면 피로나 기억력 · 집중력 저하 등의 문제와 불쾌감 등으로 고통 받게 된다. 수면장애 환자의 경우 수면을 포함한 다른 신체적 문제로 인하여 병원을 찾는 빈도가 일반인보다 더 높다(Mellinger, Balter & Uhlenhuth, 1985)는 사실은 수면장애가 삶의 질에 미치는 영향력을 보여 준다. 또한 수면장애를 오랫동안 방치할 경우 우울증 등의 다른 심리적 문제로 이어질 수 있다(Ford & Kamerow, 1989).

(2) 수면장애의 진단

충분한 수면의 기준은 사람마다 다르므로 보통 불면증을 진단할 때, 충분한 수면은 본인이 느끼기에 충분히 잤다고 생각되는 주관적 평가를 기준으로 한다. DSM-IV에서 불면증을 진단하는 기준은 [표 4.3]과 같다.

표 4.3 일차성 불면증(primary insomnia)의 진단 기준(DSM-Ⅳ)

가	가장 주된 호소가 잠들기의 어려움, 수면 유지의 어려움 또는 비회복 수면이며, 적어도 한 달간 지속된다.
나	수면의 지장(혹은 연관된 주간 피로)으로 임상적으로 유의한 고통을 유발하거나 사회적 · 직업적 장애 혹은 기타 중요한 기능적 영역에 장애를 일으킨다.
다	수면의 지장이 기면증, 호흡 관련 수면장애, 일주기 리듬 수면장애, 사건수면의 경과 중에 발생해선 안 된다.
라	수면의 지장이 다른 정신장애(예: 주요 우울장애, 범불안장애, 섬망)의 경과 중에 발생해선 안 된다.
마	수면의 지장이 물질(예: 남용된 약물, 처방된 약물)의 직접적인 생리적 효과에 의한 것이 아니다.

일반적으로 DSM-IV를 기준으로 하는 일차성 불면증은 남성보다 여성의 유병률이 높으며 65세 이상에서의 유병률은 남성보다 여성이 1.5배가량 더 높다.

(3) 수면장애의 원인

① 생물학적 요인

흔히 '늙으면 잠이 없다'고 말한다. 이는 노년기에 접어들어 수면을 조절하는 호르몬인 멜라토닌의 분비량이 줄어들면서 나타나는 현상으로 이해할 수 있다. 그러나 노인들에게 단순히 멜라토닌을 처방하는 것만으로는 수면장애를 치료할 수 없다. 65세 이상의 노인 중 65%가량이 한 가지 혹은 그 이상의 만성적 질병을 가지고 있으며, 이들 질병 중 상당수는 편안한 수면에 방해가 된다(Regenstein, 1980). 질병으로 인한 통증이나 호흡의 불편감 역시 숙면을 방해하며, 노인들이 다른 질환으로 처방받은 약물이 수면에 방해가 되는 경우도 많다. 또한 치매 등의 질병은 수면 패턴에 변화를 일으켜서 숙면을 방해한다. 따라서 노인들이 잠자리에 누워서 보내는 시간 중 수면을 취하는 시간은 줄어들고 도중에 잠에서 깬 상태로 누워 있는 시간이 늘어나게 된다.

② 심리적 · 환경적 요인

수면장애는 다른 심리적 문제와 병행해서 나타나는 경우가 많다. 우울증의 경우 수면장애와 밀접한 연관을 가진다. 우울증의 결과 수면장애가 생기기도 하고 수면장애 때문에 우울증이 생기기도 한다. 수면의 단계는 빠른 안구 운동이 나타나는 렘(REM; Rapid Eye Movement)수면과 그렇지 않은 비렘(NREM; Non-Rapid Eye Movement)수면으로 나뉜다. 렘수면의 경우 꿈을 꾸면서 자는 상태로 맥박과 호흡이 불규칙하며, 비렘수면은 얕은 수면부터 깊은 수면까지를 포함하는 4단계로 나뉜다. 내인성 우울증은 비렘수면의 단계를 단축시켜 잠을 깊이 잘 수 없게 하여 결국 수면량을 감소시키는 직접적인 원인이 된다(민성길, 2006). 또한 핵가족화로 노인층이 고립되면서 느끼는 소외감이나 배우자나 주변 인물과의 사별, 퇴직 등의 생활주기로 인한 스트레스 역시 노인 수면장애의 원인이 될 수 있다.

(4) 노년기 수면장애의 특성

수면장애는 불면증, 수면과다증, 수면발작증, 호흡관련 수면장애, 일주기 리듬 수면장애, 악몽장애, 수면 중 경악장애, 수면 중 보행장애 등이 있다(권석만, 2003). 이 중 불면증은 잠드는 데 어려움을 겪는 시작 불면증(onset insomnia), 수면상태를 유지하는 데 어려움을 겪는 유지 불면증(maintenance insomnia), 새벽에 깨서 다시 잠들지 못하는 종결 불면증(termination insomnia)으로 나뉜다(Morin, Stone, Trinkle, Mercer & Remsberg, 1993). 일반적으로 65세 이상 성인들이 주로 호소하는 수면장애는 유지 불면증으로, 노인들은 잠든 상태를 유지하지 못하고 도중에 깼다가 다시 잠들게 되어 수면의 질이 떨어지는 경우가 많다(이장호 등, 2009). 수면장애의 진단은 주관적인 불편감을 기준으로 하므로 실제로 수면장애를 겪고 있더라도 이를 축소 보고하거나 전혀 보고하지 않는 경우를 생각할 수 있다. 실제로 어떤 실험의 결과 수면에 불편감이 없다고 보고한 남성 노인에게서 렘수면의 증가나 수면 중 무호흡증과 같은 수면장애 증상들이 더 많이 나타나기도 했다(Reynolds, Kupfer, Tascka, Hoch, Spiker, Sewitch, Zimmer, Marin, Nelson, Martin & Morycz, 1985).

(5) 수면장애의 치료

① 약물치료

불면증 치료에는 약물이 가장 흔히 사용된다. 그러나 불면증에 주로 처방되는 벤조디아제핀은 깊은 수면을 방해하여 양질의 수면을 취하기는 어려우며 내성이 있다는 단점이 있다. 노인들의 경우 약물의 반감기가 길고 다른 약물을 중복해서 사용하는 경우가 많으므로 노인에게 약물을 처방할 때는 각별히 주의해야 한다. 특히 불면증에 관련된 약물을 장기간 사용할 경우 인지장애나 낙상 등의 위험이 증가하므로 단기간 사용해야 한다.

② 기타

수면장애 치료에는 수면위생 교육, 이완, 수면 제한, 인지치료 기법 등이 혼합되어 사용된다. 그중 노인에게 효과적이라고 알려진 치료법은 수면위생 교육, 수면 제한과 인지치료이다.

- 수면위생(sleep hygiene): 일반적으로 불면증을 호소하는 경우 수면위생에 대한 지도를 받는다. 수면위생이란 다음 날 개운한 느낌을 주는 정상적인 수면을 취하기 위해 필요한 여러 가지 생활습관을 말한다. 수면위생에는 카페인이나 알코올과 같이 수면을 방해할 수 있는 성분의 섭취를 금하고, 잠들기 직전에는 유산소 운동을 피하거나 소음이나 조명 · 온도 등의 수면환경을 조절하는 것 등이 포함된다. 그러나 수면위생은 불면증의 직접적인 원인이 아니므로 근본적인 치료법이 될 수 없다는 연구결과들이 있다(Buysse & Reynolds, 1990). 많은 경우 다른 치료법에 수면위생 교육이 병행된다.
- 수면 제한: 수면 제한은 잠자리에서 보내는 시간을 줄이는 것이다(Spielman, Saskin & Thorpy, 1987). 많은 불면증 환자들은 숙면을 취하기 위해 일찍 잠자리에 들지만 깊이 잠들지 못하거나 자는 도중에 깨는 등 양질의 수면을 취하지 못한다. 잠자리에서 보내는 시간을 줄임으로써 잠을 잘 수 있는 시간을 줄여 짧은 시간 동안 숙면을 취할 수 있도록 하는 것이 수면 제한법이다. 초기 연구에 따르면 수면 제한은 노인 불면증에 대한 최상의 개입이라고 한다(Lichstein & Riedel, 1994).
- 인지치료: 불면증에 걸리게 되면 '오늘은 꼭 잠들 수 있어야 하는데', '오늘도 못 자면 안 되는데', '잠을 못 자면 내일 하루를 망치게 될 거야' 등의 부정적 기대를 하게 되고 불면증이 오래될수록 이러한 불안감은 증폭된다. 연구에 따르면 만성적 불면증을 가진 노인들은 잠에 대해 역기능적 신념과 태도를 가지고 있다(Morin et al., 1993). 인지치료는 인지적 개입을 통해 잠에 대한 이러한 부정적 기대와 불안감을 이완시킴으로써 불면증 치료를 돕는다.

제5장

노년기의 관계 형성

1. 애착관계

사람은 타인과의 관계를 통하여 자신을 이해하고 또 자아를 실현하는 사회적 존재이다. 실제로 우리가 생활 속에서 얻는 행복감이나 만족감 또는 심리적 갈등들은 타인과의 관계라는 맥락 속에서 일어난다. 즉, 우리의 많은 행동과 생각, 정서는 타인과의 관계 형성에 큰 영향을 받는다. 특히 은퇴나 건강 악화 등의 이유로 사회적 유대망이 좁아져 대인관계가 가족이나 친구에게 집중되는 노년기에 대인관계가 주는 만족감이나 영향력은 다른 연령집단에 비해 더 크다고 할 수 있다. 가족이나 친구와 적절한 정서적 교류를 나누는 개인은 노년기에 겪게 되는 여러 역경에 대한 좋은 대처 자원을 가지고 있으므로 그렇지 않은 사람에 비해 만족스러운 노년을 보내게 될 가능성이 크다. 개인은 오랜 시간 동안 부모, 자녀, 손자 · 녀, 친구, 이웃, 직장 동료들과 친밀한 관계를 형성한다. 이들과의 지속적인 관계 유지는 스트레스가 건강에 미치는 손상 중 많은 부분을 보호하여 노인의 성공적 노화에 도움을 준다. 사회적 지지는 친밀감, 사랑, 애정, 신뢰, 관심, 정보, 소속감, 책임감을 포함한다. 일반적으로 사회적 지지를 많이 받는 사람이 사회적 지지가 부족한 사람보다 더 건강하다는 것은 여러 연구를 통해 알려진 사실이다. 따라서 성공적인 노화를 위해서는 가족과의 적절한 애착관계의 형성과 유지가 매우 중요하다고 할 수 있다.

1) 애착이란 무엇인가

애착(attachment)이란 자신과 가장 가까운 사람과 형성되는 강한 유대관계를 의미한다. 실제로 우리의 행동이나 정서의 대부분은 초기 애착관계에 따라 결정된다고 해도 과언이 아니다. 초기 애착관계는 주로 주 양육자인 어머니와 형성하게 되는데, 초기 유년기에 부모와 맺은 애착관계는 일생 동안 한 개인이 맺는 모든 애착관계의 원형이 된다(Bowlby, 1980). 즉 초기에 부모와 형성한 애착관계의 형태가 친구나 연인, 배우자와의 관계에서 반복된다는 것이다. 성인애착과 관련된 연구에 따르면 인생 초기의 애착 유형은 성인기 이성관계 애착에 중요한 영향을 미친다(Fraley & Shaver, 2000). 내적 작동 모델(internal working model)은 자기와 타인 그리고 자기와 타인에 대한 관계를 심적으로 표상한 것으로, 인생 초기에 형성된 애착의 특성이 성인기 동안 안정적으로 유지된다고 설명한다(Collins & Read, 1994). 따라서 영아기에 양육자와 형성한 애착 유형이 성인기에도 그대로 유지된다는 것은 동일한 내적 작동 모델이 활성화된 것으로 보인다. 그러나 이것이 초기에 맺은 좋지 못한 애착관계가 평생 동안 바뀌지 않는다는 의미는 아니다. 성숙한 개인은 자신의 잘못된 애착관계 패턴에 대해 통찰하고 이를 변화시키기도 한다.

2) 초기 애착관계와 대인관계 형성

Hazan과 Shaver(1994)는 영아기의 애착 개념을 바탕으로 성인기의 이성관계(romantic relationship)를 설명했다. 성인기 애착 유형은 4가지 — 안정형(secure), 불안/몰입형(anxious-preoccupied), 거부/회피형(dismissive-avoidant), 두려움/불안형(fearful-avoidant) — 로 구분된다. 이는 영아의 애착 분류인 안정형(secure), 불안/양가형(insecure-ambivalent), 불안/회

피형(insecure-avoidant), 비조직화/혼돈형(disorganized/disoriented)과 유사하다. 성인의 애착 유형을 살펴보면 첫째, 안정형 성인은 자기와 타인에게 긍정적 상을 가지기 때문에 스스로를 가치 있는 존재로 여기며, 타인들과 긍정적인 관계를 형성한다. 이 유형의 부모는 자신을 존중하고 수용하고 인내심이 많으며 정서적으로 지지적인 사람이다. 둘째, 불안/몰입형 성인은 부정적인 자기상과 긍정적인 타인상을 가지고 있기 때문에 부모에게 강한 친밀감과 인정을 요구한다. 부모에게 민감하게 반응하고 과도하게 의존적인 모습을 보인다. 이 유형의 특징은 자기에 대한 신뢰감이 낮고, 때때로 대인관계 속에서 감정기복이 심하여 직접적인 행동으로 자신의 분노와 우울한 감정을 표출한다. 셋째, 거부/회피형 성인은 자기상은 긍정적이나 타인은 부정적으로 인식하는 사람이다. 이들은 과거에 부모와 친밀한 애착관계를 구체적으로 형성하지 못하여 사람들과의 친밀한 관계 형성을 거부하고 자신의 감정을 억압한다. 한편, 이들은 성장하면서 높은 수준의 독립적인 행동을 보이고 자신이 충분한 능력을 가진 사람이라고 생각한다. 넷째, 두려움/불안형 성인은 자기와 타인을 부정적으로 인식하고 자신과 가까운 사람들에게 양가감정을 가지기 때문에 대인관계 패턴에서 친밀함과 불쾌감의 양가감정을 가진다. 이러한 애착관계 패턴은 일생 동안 여러 관계에 걸쳐 일관적으로 유지되는 경향이 있다.

나이가 들면서 친밀한 관계는 양적인 측면보다는 질적인 측면으로 변화된다. 이는 아동기부터 지속되어 온 애착성향이 성인기뿐만 아니라 노년기 삶에도 많은 영향을 준다는 것을 보여 준다. Bartholomew와 Horowitz(1991)의 청년애착 유형에 관한 연구를 바탕으로 Webster(1997)는 노인애착 유형과 주관적 행복관계를 확인했다. 이에 따르면 안정형과 거부형 애착을 지니고 있는 노인은 몰입형과 두려움형의 애착을 가진 노인에 비해 상당한 행복감을 느낀다고 한다. 안정형 애착 유형의 노인은 심리적 · 정서적 안녕감과 더불어 사기가 넘치고 덜 우울해하는 경향이 있으며 능숙하게 다른 사람들과 친밀한 관계를 형성하기 때문에 상대적으로 삶의 행복감이 높다. 그러나 거부형 애착을 가진 노인은 왜 안정형 애착 노인과 유사하게 행복감이 높은가? 거부형 애착 유형의 소유자는 자기상은 친밀적 · 허용적 · 긍정적인 반면 타인의 상이 부정적이기 때문에 타인들과 친밀한 관계를 거부하고 부정적으로 인식하며 사별, 이혼, 별거 상태에서도 슬픔을 오랫동안 지속하기보다는 통제적이고 독립적인 생활을 한다. 다시 말해 거부형 애착 유형은 자기존중감과 자기의존성이 강하기 때문에 타인에 대해 부정적 상을 가지는 것이 오히려 자신에게 적응적인 기능을 일으키는 결과를 가져온다.

2. 가족관계

1) 노인의 가족관계

가족은 개인이 가장 먼저 대인관계를 경험하는 곳이자 노년기에 다시 한 번 사회적 관계의 중심이 되는 단위이다. 특히 노인의 경우 가족과의 적절한 애착을 통한 안정감은 다른 형태의 사회적 관계에서 얻는 만족감보다 더 높아서 안정된 노년을 보내기 위해서는 가족과의 좋은 애착관계가 매우 중요한 역할을 한다고 볼 수 있다(홍숙자, 1992). 이는 학교나 직장 등에서 다양한 인간관계를 형성하고 유지하는 인생의 초 · 중반기와는 달리 노년기는 은퇴 등으로 인하여 대인관계의 폭이 다시 가족으로 축소되기 때문이기도 하다. 가족은 부모와의 관계뿐 아니라 조부모와의 관계, 형제자매와의 관계 등 다양한 형태의 유대관계가 형성되는 곳으로, 이 관계에서 개인은 자녀, 부모, 조부모, 형제자매 등의 다양한 역할을 수행하게 된다.

(1) 부모-자녀관계

생애 과정에서 개인의 자발적 선택으로 형성되는 사회적 관계와 다르게 부모-자녀관계는 선택의 여지 없이 가장 오랫동안 경험하는 유대관계 중 하나이다. 어린 시절에는 부모-자녀관계의 애착 형성이 함께 많은 시간을 보내는 것에 달려 있는 데 비해 성인기 애착은 내적인 상징으로서 유지되는 경향이 있다. 노년기가 되면 부모는 신체적인 취약성과 의존성이 증가하고 건강에 대한 자신감이 감소한다. 반면에 자녀는 성인이 되면서 부모의 신체적 · 인지적 · 사회적 결함을 받아들이고 성숙성이 발달한다. 그러므로 성인자녀가 제공하는 정서적 지지는 부모의 우울 수준을 낮추고 정신건강에 긍정적으로 기여한다(Lang & Schütze, 2002). 노년기에 접어들면 자녀의 존재 자체가 삶의 기쁨이 된다. 특히 딸의 경우 아들보다 부모와 더욱 친밀한 애착관계를 유지할 가능성이 높다. 성인기에 접어들수록 딸과 부모의 정서적 유대는 더욱 강해진다(Lawton, Silverstein & Bengtson, 1994).

(2) 조부모-손자 · 녀관계

조부모는 부모보다 자녀양육 경험이 더 많고 손자 · 녀에 대한 직접적인 책임과 의무를 지고 있지 않기 때문에 손자 · 녀와 정서적 유대감을 공유한다. 조부모는 손자 · 녀와 관계를 맺음으로써 젊음의 에너지를 재경험하고 삶의 연속성을 인지하며, 인생의 경험과 지혜제공의 생산성을 경험한다. 또한 손자 · 녀를 통해 새로운 영감과 성취감을 경험하며 대리만족을 하게 된다. 조부모는 자신이 손자 · 녀에게 도움이 되는 존재라는 느낌을 받기 때문에 전반적인 삶의 즐거움과 만족도가 높아지는 등의 긍정적인 효과가 있을 수 있다. Neugarten과 Weinstein(1968)은 조부모의 유형을 다음과 같이 다섯 가지로 구분했다. 공식형(formal)은 자녀에게 전적으로 양육을 맡기고 자신은 손자에게 선물을 사 주는 등과 같이 조부모 역할만 수행한다. 놀이 추구형(fun-seeker)은 여가시간마다 손자들과 놀아 주면서 상호만족을 느낀다. 대리부모형(surrogate parents)은 부모가 직장에 있는 동안 손자들의 육아 및 교육을 책임진다. 지혜의 원천형(reservoir of family wisdom)은 가족 내에서 권위를 유지하고 가족 내 지식과 지혜를 소유하고 있는 사람이다. 원거리형(distant)은 공식적인 가족 모임이나 특별한 기념일에만 모이고 평소에는 가족끼리 접촉하지 않는다.

(3) 형제자매관계

형제자매관계는 전 생애 동안 동시대를 살아가면서 같은 경험을 하는 상호의존적인 관계이다. 젊은 시절의 형제자매관계는 경쟁적이고 이기적인 모습을 많이 보이지만 나이가 들면서 서로를 이해하고 소중히 생각하는 친밀한 관계가 형성된다. 형제자매관계 중에서 자매간의 유대는 가장 강하고 친밀하게 유지되기 때문에 자매끼리 가깝게 지내는 여성들은 그렇지 않은 여성들보다 우울감 수준이 낮다(Cicirelli, 1989). 형제자매관계의 친밀감은 나이가 들면서 지속적으로 유지되거나 깊어진다는 주장이 있다. Cicirelli(1992)는 형제자매의 친밀감이 연령의 증가에 따라 변화되기보다 아동기의 경험에 의해 결정된다고 말한다. 한편, Leigh(1982)와 대다수의 학자들은 형제자매관계가 성인기까지는 정서적으로 가깝지 않고 부정적인 관계로 인해 친밀감이 감소하다가 중년기부터 긍정적 감정을 가지면서 관계의 질이 향상된다고 본다. 따라서 노년기에 개인의 사회적 관계망이 축소되고 배우자가 사망하면서 형제자매관계는 중요한 사회적 지지망 역할을 하게 된다. 특히 일찍이 배우자를 잃거나 성인자녀가 없는 경우 형제자매에게 심리적 · 정서적 지지뿐만 아니라 경제적 지원과 병간호, 여가활동 그리고 의사결정 등의 도움을 받는 경우가 많다.

(4) 부부관계

부부는 서로 다른 두 가정에서 자라난 남녀가 결혼이라는 제도를 통해 결합된 관계이다. 따라서 두 사람이 함께 생활하면서 서로에게 양보하고 적응하려는 노력을 통해서 만족스러운 관계가 지속된다. 오늘날 가족구조가 핵가족으로 전환되고 평균수명이 길어지면서 생애주기 과정에서 빈 둥지 시기가 길어지고 있다. 빈 둥지 시기(empty nest stage)는 자녀가 모두 성장해서 집을 떠나고 부부만 남게 되는 기간을 의미한다. 중년기 성인들은 신체적 · 심리적 노화를 경험하고 사회적으로 직장에서 높은 직위를 유지한다. 이 시기에 중년부부의 경제적 부담은 줄어들고 자유시간이 늘어나 부부가 함께 보내는 시간이 많아진다. 노년기에는 사회적 대인관계보다는 배우자와 함께 보내는 시간이 더욱 많아진다. 따라서 만족스러운 부부관계를 형성하는 것은 행복한 노년을 위해 중요하다. Atchley(1991)에 의하면 결혼 만족도를 높이기 위해서는 친밀감, 소속감, 그리고 상호의존이 필요하다. 친밀감은 사랑과 신뢰, 관심뿐만 아니라 성적인 친밀감을 포함한다.

2) 노인과 가족관계 문제

(1) 노인 가족

오늘날 핵가족화와 가치 변화로 자녀가 부모 부양을 기피하고 도시화 · 산업화로 인해 인구가 도시 이동하며, 노인 스스로 심리적으로 편안한 생활을 하기 위해 자녀와 동거를 거부하는 경우가 늘어가는 추세이다. 그 결과 노인부부 또는 노인 혼자 살아가는 노인 단독 가구가 증가하고 있다. 이 외에 노인 가족의 유형으로는 노인과 기혼자녀 가구, 노인과 미혼자녀 가구, 노인과 손자 · 녀로 구성된 가구 등 다양하다. 가족형태의 변화로 인해 노인이 겪을 수 있는 문제는 소외감과 고독감 등이다. 노년기 이전에는 여러 가지 역할을 해 왔지만 경제활동이 점차 없어지면서 노인의 지위가 약해지는데, 이에 따라 심리적인 문제가 생길 수 있다. 독거노인의 가족구조가 자살 생각에 영향을 미치는 것으로 나타났다. 또한 자녀가 있는 노인이 자녀가 없는 노인보다 자살 생각 정도가 더 높은 것으로 나타났다(송영달, 손지아, 박순미, 2010).

(2) 치매노인 가족

2008년 65세 이상 노인 중 치매노인의 비율은 8.4%에 달했다. 보건복지가족부(2009)에 따르면 치매환자의 수는 20년마다 2배로 증가될 것으로 예상되며, 2027년에는 치매노인이 100만 명을 넘을 것으로 보인다. 치매노인이 증가하면 치매노인 가족의 수도 증가한다. 치매노인을 부양하는 가족은 심리적인 압박과 스트레스로 가족구성원들 간에 갈등을 겪기도 하고, 완치가 어려운 병이라는 사실에 무력감을 느끼게 된다. 치매노인 부양자들은 많은 역할을 동시에 수행해야 하기 때문에 치매노인을 대할 때 원망과 불쾌감, 우울감 등 부정적 감정을 경험하게 된다. 치매노인은 혼자서 할 수 있는 일이 거의 없어 하루 종일 누군가의 보살핌을 받아야 한다. 이러한 경우 가족들 중 누군가는 항상 치매노인을 돌보아야 하므로 생활에 큰 지장을 받을 뿐만 아니라 경제 활동에 필요한 시간 또한 제약을 받는다. 치매노인을 부양하는 가족은 부양 비용에 더하여 치매 치료 비용까지 부담해야 하기 때문에 재정적으로 큰 곤란에 처하기도 한다. 이러한 부담은 가족 전체의 행복감에 큰 영향을 줄 수 있다.

(3) 노인 학대

다음은 실제 사례를 바탕으로 재구성한 가상의 상황이다.

67세의 할머니는 남편을 일찍 여의고 젊어서 온갖 고생을 하면서 자식들을 대학까지 공부시켰다. 몇 년 전 큰아들은 나중에 할머니를 부양하겠다며 사업자금을 요구하였고, 할머니는 유일한 재산인 집을 큰아들에게 넘겨주었다. 하지만 지금에 와서 큰아들은 약속과는 달리, 중풍으로 한쪽 다리가 마비된 어머니에게 언어적 · 정신적 폭행을 하였고 심지어 신체적 폭행까지 가하였다. 할머니는 '그래도 자식이니까…'라는 생각으로 견뎌 왔지만, 요즘 들어 아들이 술을 마신 후 폭행의 빈도가 더 높아져 하루하루를 고통 속에서 보내고 있다.

노인 학대는 세대 간 갈등에 따른 문제 중 하나로서, 고령화 사회로 접어든 한국사회가 시급히 해결해야 할 문제이다. 미국심리학회(American Psychological Association; APA)는 노인 학대를 노인에게 신체적 · 심리적 · 감정적 고통을 일으키는 행위 또는 경제적 착취, 보호 제공자의 의도적 · 비의도적 방임까지 포함하여 폭넓게 정의한다.

노인 학대의 구체적인 유형은 다음과 같다(그림 5.1). 첫째, 신체적 학대는 물리적 힘을 사용하여 노인에게 신체적 혹은 심리적으로 고통을 주거나 손상, 장애 등을 입히는 것을 말한다. 또한 피해자에게 공포를 유발하는 행위도 신체적 학대에 포함된다. 신체적 학대 행위에는 때리기, 차기, 밀기, 화상, 신체적 구속, 골절, 탈구, 주변의 물건 집어 던지기, 처방대로 약을 주지 않거나 처방 받지 않은 약물을 강제로 먹이기 등이 있다. 둘째, 정서적 학대는 노인에게 정신적 또는 심리적으로 고통을 주는 것으로, 비난, 모욕, 협박 등의 언어 및 비언어적 행위를 말한다. 정서적 학대를 겪은 노인은 불안, 고통, 스트레스뿐만 아니라 우울증 등의 정신질환을 앓게 되거나 심한 경우 자살하고 싶은 충동을 느끼게 된다. 셋째, 성적 학대는 노인에게 성적 수치심을 느끼게 하거나 합의 없이 성적으로 접촉하거나 성희롱, 성폭력 및 강간 등을 강제적으로 행하는 모든 성적 행위를 말한다. 넷째, 경제적 학대는 노인의 뜻에 관계없이 자금, 재산,

자원을 위법 또는 부당하게 착취하거나 필요한 생활비를 지원하지 않고 경제적 권리와 관련된 의사결정을 통제하는 것이다. 다섯째, 방임은 수동적 방임과 능동적 방임으로 구분되는데, 수동적 방임은 부양자의 무능력과 부적절함 때문에 노인을 혼자 내버려 두거나 약물 복용 및 서비스 제공을 전혀 받지 못하도록 하는 것이다. 능동적 방임은 노인이 스스로 자신의 청결이나 건강 관리, 가사, 사회적 접촉 등을 포기한 결과, 건강상의 문제가 생기는 것이다. 마지막으로, 유기는 노인의 보호자 또는 부양 의무자가 노인을 버리거나 집에서 내쫓는 행위를 말한다.

그림 5.1 노인 학대의 유형
자료: 대전광역시노인보호전문기관

2010년 노인학대현황보고서에서 학대 피해 노인의 성별과 연령을 살펴보면, 70대에서 80대 초반까지의 남성 노인이 65.8%, 여성 노인이 62.0%를 차지해 학대 피해 노인의 대다수가 70대에서 80대 초반 사이임을 알 수 있다(표 5.1). 또한 학대 피해 노인의 연령별 학대 유형에서는 60대에서 80

대까지는 정서적 · 신체적 학대와 방임 학대가 많이 나타나고, 80대 이상은 다른 연령대에 비해 방임 학대가 가장 높게 나타났다(표 5.2). 이러한 현상은 70대 이상 노인은 사회적 참여, 경제활동 등이 감소하면서 자녀들에게 의존하는 경향이 높기 때문에 이에 대한 부담이 방임 학대로 이어지는 것으로 생각할 수 있다. 이같이 노인 학대의 발생 원인에는 노인들의 개인적인 특성과 의존성, 부양자의 부양 스트레스뿐만 아니라 가정환경적인 요인, 세대 간의 학대 전이, 사회문화적인 요인 등이 다양하게 포함되어 있다(임구원, 2011). 학대노인은 신체적 · 심리적 돌봄을 받지 못해 신체적 손상(타박상, 골절, 장기 손상)을 입거나 우울증 등의 심리적 어려움을 겪을 수 있으며, 심한 경우 죽음에 이르기도 한다(Hildreth, Burke & Golub, 2011).

표 5.1 성별에 따른 학대 피해 노인의 연령별 분포

(단위: 명, %)

유형 / 성별	59세 이하	60~64세	65~69세	70~74세	75~79세	80~84세	85~89세	90~94세	95~99세	100세 이상	**계**
남	8 (0.8)	47 (4.8)	152 (15.5)	252 (25.7)	227 (23.2)	165 (16.9)	88 (9.0)	31 (3.2)	9 (0.9)	-	**979 (100.0)**
여	9 (0.4)	106 (5.1)	240 (11.5)	429 (20.5)	433 (20.7)	434 (20.8)	291 (13.9)	116 (5.6)	29 (1.4)	2 (0.1)	**2,089 (100.0)**
계	**17 (0.6)**	**153 (5.0)**	**362 (12.8)**	**681 (22.2)**	**660 (21.5)**	**599 (19.5)**	**379 (12.3)**	**147 (4.8)**	**38 (1.2)**	**2 (0.1)**	**3,068 (100.0)**

자료: 보건복지부(2009)

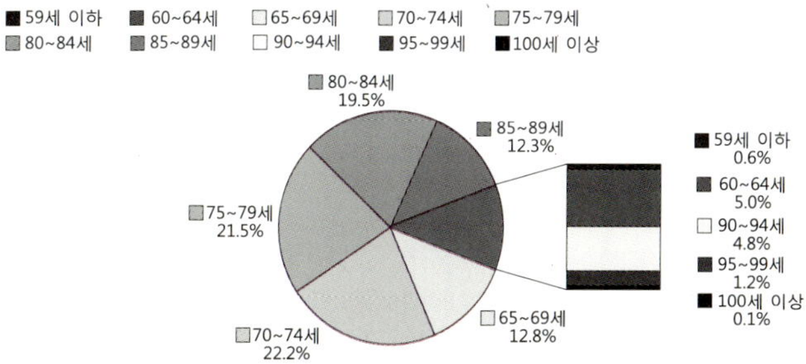

그림 5.2 학대 피해 노인의 연령별 분포도
자료: 보건복지부(2009)

표 5.2 학대 피해 노인의 연령별 학대 유형

(단위: 명, %)

유형 / 성별	신체적 학대	정서적 학대	성적 학대	경제적 학대	방임	자기 방임	유기	계
59세 이하	11 (33.3)	12 (36.4)	1 (3.0)	5 (15.2)	1 (3.0)	2 (6.1)	1 (3.0)	**33 (100.0)**
60~64세	83 (32.4)	98 (38.3)	4 (1.5)	23 (9.0)	32 (12.5)	13 (5.1)	3 (1.2)	**256 (100.0)**
65~69세	170 (25.9)	267 (40.8)	6 (0.9)	61 (9.3)	102 (15.6)	38 (5.8)	11 (1.7)	**655 (100.0)**
70~74세	325 (27.8)	475 (40.7)	19 (1.6)	134 (11.5)	147 (12.6)	46 (3.9)	22 (1.9)	**1,168 (100.0)**
75~79세	262 (24.2)	444 (41.1)	3 (0.3)	129 (11.9)	187 (17.3)	36 (3.3)	21 (1.9)	**1,082 (100.0)**
80~84세	241 (24.4)	382 (38.6)	3 (0.3)	121 (12.3)	194 (19.6)	31 (3.1)	17 (1.7)	**989 (100.0)**
85~89세	144 (23.7)	206 (33.9)	2 (0.3)	72 (11.8)	147 (24.2)	23 (3.8)	14 (2.3)	**608 (100.0)**
90~94세	52 (22.2)	79 (33.8)	1 (0.4)	28 (12.0)	68 (29.0)	4 (1.7)	2 (0.9)	**234 (100.0)**
95~99세	15 (31.9)	17 (36.2)	-	1 (2.1)	11 (23.4)	3 (6.4)	-	**47 (100.0)**
100세 이상	1 (25.0)	1 (25.0)	-	-	2 (50.0)	-	-	**4 (100.0)**
계	**1,304 (25.7)**	**1,981 (39.0)**	**39 (0.8)**	**574 (11.3)**	**891 (17.5)**	**196 (3.9)**	**91 (1.8)**	**5,076 (100.0)**

자료: 보건복지부(2009)

노인 학대 예방은 사회적 차원과 노인 차원, 가족 차원으로 분류된다. 사회적 차원은 노인도 사회의 한 구성원인 만큼 인간으로 존중받고 권리를 보장받아야 하는 존재라는 사실을 분명히 인식하여 노인을 인간으로 존중하고 권리를 보장하는 것을 말한다. 우리나라 사람들은 가정 내에서 일어나는 일을 개인의 영역으로 치부하고 사회적인 개입이나 도움을 꺼리는 경향이 있어 노인 학대가 은폐되거나 외면당하는 경우가 많다. 이에 대한 사회적 인식을 전환하여 노인 학대에 대한 사회적 경각심을 높여야 한다.

노인 차원에서는 학대를 가정 내에서 일어나는 수치스러운 일로 생각하기보다 주변에 알리고 도움을 요청해야 하는 일로 인식하도록 돕는 것이 중요하다. 대부분의 노인들은 자녀로부터 학대를 당해도 그것을 학대로 인식하지 못하는 경우가 많다. 또한 그것을 학대로 인식한다 해도 가족 내의 학대 사실이 외부에 알려지는 것을 꺼리거나 자녀가 처벌받는 것을 안타깝게 여겨 법이나 외부 지원체계에 호소하거나 신고하려 하지 않는 경우가 많다. 노인이 학대를 받을 경우 언제든지 외부에 도움을 요청할 수 있도록 하고 노인이 이를 적극적으로 활용할 수 있도록 해야 한다. 또 가족 차원에서는 부양자가 동시에 가해자가 되는 노인 학대의 특성을 이해할 필요가 있다. 노인의 부양과 간호를 오로지 개인의 영역으로 미루는 사회 제도를 개선하여 노인을 부양하는 부양자와 그 가족의 부양 스트레스를 경감시키는 가족 지원 프로그램이 필요하다.

(4) 황혼 이혼

최근 노년기에 들어 이혼하는 부부의 수가 크게 늘어 사회적 현상으로 나타나자 이러한 형태의 이혼을 지칭하는 용어까지 생겨났다. 노년기의 이혼을 뜻하는 '황혼 이혼'은 1990년대 후반부터 점차 높아지기 시작해서, 최근 통계청의 발표에 따르면 20년 이상 결혼생활을 이어 온 부부의 이혼율은 4년 이하의 결혼 생활을 한 부부의 이혼율을 추월했다. 서울대 노화 · 고령사회연구소와 미국 메트라이프 노년사회연구소의 조사 결과(2013) 노년기를 앞둔 성인들의 성별 결혼 불만족은 여성이 55%, 남성이 47%로, 남성에 비해 여성의 결혼 불만족이 더 높은 것으로 나타났다. 이혼 고려율도 여성은 34.1%로 남성(31.4%)보다 높은 것으로 나타나 결혼생활에 대한 불만족을 넘어 이혼을 고려하는 경우도 여성이 더 높았다. 황혼 이혼의 원인으로는 늘어난 수명과 결혼에 대한 가치관 변화 등이 있을 수 있다. 또 어린 자녀를 생각해 이혼을 미루다가 아이들이 성인이 될 때쯤 이혼을 결정하는 것, 부부의 재산분할에 대한 법적인 제도가 보완되었다는 것도 황혼 이혼 증가의 한 원인으로 보인다.

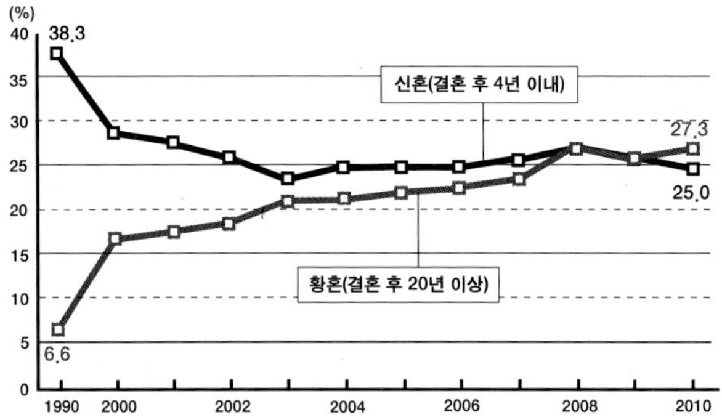

그림 5.3 동거기간별 이혼 비중
자료: 통계청(2013)

3. 대인관계

1) 친구관계

우정이란 호감과 애정으로 이루어지는 두 명 이상의 인간관계이다. 우정관계는 가족관계와는 달리 자발적이며 고정되어 있지 않고 영구적으로 지속되지 않기에 쉽게 해체될 수 있다. 우정의 지속성과 강도는 개인차가 크지만 우정은 삶의 질적인 면에서 풍요로움과 긍정적인 영향을 준다. 친구는 희로애락을 바로 곁에서 겪으며 다양한 감정을 공유할 수 있기에 참된 우정을 경험한 개인은 고독감을 적게 느끼고 심리적 지지를 받을 수 있는 기회를 가진다. 우정의 속성은 개인 소속감 충족과 행복감 및 자신감 증가, 스트레스 및 건강하지 않은 생활습관(과도한 음주, 운동

부족) 감소, 갈등해소에 도움(이혼, 심각한 질병, 은퇴, 배우자의 죽음) 등 긍정적 영향을 준다. 이상적인 친구의 수는 사실상 중요하지 않은데, 어떤 사람은 다양한 사람과 관계를 유지하는 것을 좋아하는 반면에 어떤 사람은 소수의 범위에서 친구관계를 유지한다.

2) 노년기의 친구관계

성인 초기에는 개인의 정서, 생각, 시간 등을 자유롭게 친구들과 공유하며 우정관계를 맺을 수 있다. 그러나 중년기 이후에는 많은 시간을 직장생활 및 사회적 활동에 소비하기 때문에 젊은 시절과 같이 우정관계에 쏟을 수 있는 시간이나 에너지가 부족하다. 그러나 노년기에 이르면 우정의 의미는 달라진다. 노년기에 접어들면서 우정관계는 풍요로워지며 삶의 질에 큰 영향을 끼치는 요소가 된다. 실제로 노인들의 생활 만족도는 가족보다 친구와의 교제에 더욱 큰 영향을 받는다. 노년기의 우정관계는 주로 나이, 성, 인종, 민족성, 그리고 가치관이 유사한 사람들과 이루어진다. 노인여성의 경우 동시대를 경험한 친구의 수가 남성보다 더 많고 지속적인 친밀감을 통해 심리적 행복감을 향상시킨다. Jorm(2005)의 연구에 따르면, 좋은 친구는 사회적 욕구를 충족시키고 질병 혹은 다른 건강 문제가 있을 때 중요한 보호요인의 기능을 한다.

4. 세대갈등

1) 직업고용 갈등

최근 급격히 진행되는 사회 고령화는 중 · 고령자와 청년들 사이에 세대 간 직업고용 갈등을 유발할 수 있다. 최근 청년실업과 세대 간 일자리 갈등에 관한 인식을 조사한 결과, 기업의 54.4%와 청년 취업 준비생의 66.4%가 정년 연장 등 고용 연장 조치가 채용과 취업에 악영향을 끼칠 것이라고 응답하였다(한국경영자총협회, 2012). 중 · 고령자는 우리나라 경제가 급격히 성장한 시기에 청년시절을 보낸 세대로서 현재 은퇴를 준비하고 있으며, 청년층은 외환위기와 세계금융위기를 경험한 세대로 취업에 많은 어려움을 겪고 있다. 평균수명이 길어지면서 중 · 고령자는 직장생활을 지속하기 위해 정년 연장, 퇴직 후 재고용을 주장하게 되는데, 이는 취업난에 시달리는 청년층과의 일자리 경쟁으로 이어져 두 세대 사이에 갈등이 생긴다. 한편 이 같은 갈등 속에서 중 · 고령자는 앞으로 노부모를 부양하는 동시에 취업 준비생인 성인자녀를 양육해야 하는, 이른바 '샌드위치 세대(sandwich generation)'가 된다. 샌드위치 세대란 위로는 부모, 아래로는 자녀와의 관계에서 난처한 입장에 놓인 중장년층을 뜻하는 용어로, 샌드위치 세대는 자녀 양육과 노부모 부양에 지나치게 개입한 결과 5명 중 2명이 극심한 부채를 가지고 있으며 전 연령층에서 스트레스 수준이 가장 높다(APA, 2007).

2) 의사소통 갈등

의사소통이란 한 개인이 다른 사람들의 행동을 변화시키기 위해 언어적/비언어적 신호를 보내는 과정이며, 의식적인 의도로 계획한 행위라는 점에서 설득의 의미가 내포되어 있다. 즉 의사소통은 유기체들이 기호를 통하여 서로 정보나 메시지를 주고받아 공통된 의미를 수립하고 더 나아가 서로의 관계에 영향을 끼치는 과정이라 할 수 있겠다.

대부분의 관계에서 발생하는 갈등은 의사소통 문제에서 비롯된다. 의사소통 갈등은 상호 간에 의견이 달라 서로 이해하기 힘든 데 따른 어려움이다. 즉 상호간 의사소통 부족이 오해를 만들고 관계를 악화시킨다. 말하는 사람이 자신이 말하고자 하는 내용을 잘 표현하지 못하거나 의도적 혹은 비의도적으로 자신의 생각과 기분을 표현하지 않기 때문에 갈등이 시작된다. 이러한 갈등은 서로 다른 세대를 경험한 사람들이 대화 과정에서 자신의 관점에 따라 내용을 해석하기 때문에 나타난다. 그래서 문화 간 의사소통에서 세대 간 오류가 더 많아지게 된다.

세대 간 의사소통 오류는 행위적 차원에서도 발생하지만 언어적 차원에서도 빈번하게 발생할 수 있다. 의사소통 기술은 자기 이해, 자기 개방, 바람직한 경청 등을 포함한다. 올바른 의사소통이 이루어질 때 개인 간의 이해와 수용, 지지가 이루어질 수 있으며 이는 삶의 여러 문제에 대한 훌륭한 대처 자원이 된다. 의사소통 능력은 노년기의 관계 형성 및 유지에도 중요한 요소이다. 연구에 따르면 노인들의 의사소통 기술이 높을수록 자아존중감이 높아지는 것으로 나타났다(서사현, 2011). 이처럼 의사소통의 기술은 노년기 적응에 중요한 역할을 한다. 그러기 위해서는 노년기에 흔히 나타나는 의사소통의 방해 요소에 대해서 이해할 필요가 있다.

흔히 노인들이 맥락에 맞지 않는 말을 길게 하거나 하는 것은 단순히 일방적인 방식으로 의사를 표현하는 것이라기보다는 대화에 있어서 맥락적 단서를 이용하지 못하기 때문일 수 있다(Rabinowitz, Craik & Ackerman, 1982). 노인의 경우 난청 등의 신체적 문제뿐 아니라 집중력과 처리 속도, 작업기억 등의 영역에서의 쇠퇴 때문에 언어 이해와 정보처리 면에서 어려움을 겪을 수 있다. 노인의 이러한 특성으로 인하여 노인과의 의사소통을 위해서는 그들이 처하게 되는 입장을 이해할 필요가 있다. 즉 노인과 노인의 대화 상대자 모두는 노인의 난청 문제를 이해하고 상대방이 내 말을 들었는지, 혹은 내가 상대방의 말을 들었는지를 확인하며 대화해야 한다. 또 노년기에는 방해자극을 차단하는 능력이 떨어지므로 중요한 대화는 가급적 소음 등의 다른 자극이 없는 환경에서 하는 것이 좋다. 노인들의 작업기억 능력의 저하를 고려하여 짧은 대화에서 여러 정보를 다루려 하기보다는 한 번에 한 가지씩의 정보를 제시하고 처리하는 것이 좋으며, 노년기의 반응 시간을 고려하여 대화의 속도를 늦추는 것도 노년기의 의사소통에 도움이 된다.

제6장

일, 은퇴, 여가

평균수명이 길어지면서 은퇴 이후의 삶에 대한 관심이 높아지고 있다. 평균수명의 연장은 건강수명의 연장으로 이어져 은퇴 연령에도 신체적 · 사회적 기능이 높게 유지됨에 따라 이제 은퇴 이후의 삶은 젊은 시절을 추억하며 조용히 죽음을 기다리는 시간이 아니라 새로운 형태의 삶이 시작되는 역동적인 시기가 되었다. 여가의 균형을 잘 유지하여 노년을 풍요롭게 만들어 가는 것은 전 생애 발달적 관점에서 볼 때 중요한 과업 중 하나이다.

1. 인생주기에 따른 일의 의미와 동기

일은 신체적 · 정신적 생산 활동일 뿐 아니라 창의성을 발현할 기회가 되며 정체감과 자아존중감을 부여해 주는 삶의 중요한 영역이다. 성인기에 직업을 형성하는 과정은 길고 복잡할 수 있다. 직업생활을 하는 동안 직업에 여러 번의 변화가 있을 수 있으며, 한 직업 내에서도 직장, 직급, 직업 정체감, 일의 의미 등 다양한 변화가 있을 수 있다.

직업이 가지는 의미 혹은 직업 영역에서 요구되는 능력은 인생 주기에 따라 다를 수 있다. 노년기의 직업은 경제적 필요, 사회관계 유지, 신체적 · 정신적 건강 유지, 자아존중감 및 정체감 확립, 적절한 활동 수준의 유지, 그리고 여가활동 참여 기회 등을 제공할 수 있다. 일의 동기 역시 인생 주기에 따라 달라질 수 있다. 동기란 유기체의 행동을 일으키게 하는 내적인 요인으로, 개인이 중요하다고 생각하는 목표를 지향하는 욕구이다. 동기는 외적 동기와 내적 동기로 구분될 수 있다. 외적 동기는 직업활동에 참여하면서 받는 임금, 승진, 지위, 칭찬 등의 행동과 관련이 있으며, 내적 동기는 직업활동 자체에서 오는 직무의 만족감, 흥미, 자율성, 즐거움, 과업에 대한 몰입 등과 관련이 있다. 직업활동 동기 수준은 일의 수행 자체에서 오는 수동적인 외적 동기와, 직무수행을 통해 충족된 욕구에서 오는 능동적인 내적 동기에 비례하여 추정된다(Pinder, 1984). 성인기 이후에는 직업 결정이 사회적 관계, 평소에 수행한 과제에 대한 도전, 자율성 등 다양한 내적 동기영역으로 변화된다.

2. 발달에 따른 직업 관련 변화

1) 직업발달

사람들은 직업을 통해 경제적인 면을 충족하고 정체성을 형성할 뿐만 아니라 자신의 존재에 의미를 부여한다. 또한 직업을 통해 충족되는 욕구는 자아 개념에 영향을 미친다. 직업발달이란 개인이 직업을 선택하고, 직업 형성에 필수적인 요소들의 조화를 이루는 과정이다. Super와 동료들(1996)은 직업발달 과정을 나이, 자아 개념과 관련지어 구분하고 있다(표 6.1). 자아 개념은 직업발달에 있어 다른 어떤 요소보다 더 중요하다.

- 성장기(Growth): 직업에 관해 막연한 생각을 가지기 쉬운 시기이다. 이 시기에는 직업 자체에 대한 태도보다는 자아정체감을 확립함으로써 자신의 능력과 적성을 탐색한다.
- 수행기(Exploration): 다양한 직업 탐색을 통해 성장기에 형성된 자

아정체감을 검증한다. 이를 통해 새로운 직업 역할과 직업에 대한 생각을 보다 구체화하고 하나의 안정적인 직업을 선택한다.

- 확립기(Establishment): 자신에게 적합한 분야를 발견하여 직업의 안정을 획득하고 높은 임금과 직위를 위해 노력하는 시기이다. 이 시기에 직업과 자아 개념이 조화되는 경우 직업 만족도가 증가한다.
- 유지기(Maintenance): 직업활동 수준이 가장 높은 동시에, 은퇴를 준비해야 하는 시기이다. 이 시기를 성공적으로 보내는 개인은 안정된 직업 상태에서 전문가로 활동하게 되며, 직업과 정체성의 일치감이 극대화된다.
- 쇠퇴기(Decline): 은퇴가 얼마 남지 않았다는 사실을 확인하고 자신의 직업 경력과 자아 개념을 분리하기 시작한다. 이 시기에 개인은 직업 경력을 통해 형성된 자아 개념의 연장선에서 다른 활동을 선택하거나 혹은 직업 경력에서는 발휘할 수 없었던 자아 영역을 발달시키는 계기를 얻을 수 있다.

표 6.1 Super의 직업발달 단계

단계	연령	발달의 구체적인 내용
성장기	0~14세	가족 구성원의 자아 개념을 관찰함, 사회활동 참여가 증가함
수행기	15~24세	자신 및 직업에 대한 탐색을 시도함
확립기	25~44세	자신에게 적합한 직업 분야를 찾고 안정을 위해 노력함
유지기	45~64세	경력의 목표에 도달하고, 안정된 삶 속에서 만족감을 느낌
쇠퇴기	65세 이상	은퇴한 후 새로운 역할을 수행하고 새로운 활동을 함

자료: Super, Savickas & Super(1996)에서 수정 · 인용

2) 직업 만족도의 변화

직업 만족도는 직업활동의 성과로 얻어지는 긍정적인 감정이다. 사람마다 일에 대한 외적 동기와 내적 동기의 비중이 다르고, 나이가 들면서도 일에 관련된 동기의 비중이 달라진다(김애순, 2012). 나이 든 사람은 일의 성취감, 일의 본질적 특징 등 내적 요인에 더 관심이 집중되는 반면에 젊은 사람들은 보수, 승진 기회, 직무의 자율성 등 외적 요인에 더 관심을 둔다. 직업 만족도는 성인 전기부터 은퇴까지 시간이 지남에 따라 서서히 증가한다(그림 6.1). 이는 나이 든 사람은 개인의 능력을 잘 알고 있어 기대 수준을 조절할 수 있을 뿐만 아니라 자기 탐색이 잘되어 있어 자신에게 높은 직업만족감을 줄 수 있는 일을 선택할 수 있기 때문이다. 노인이 높은 직업 만족도를 느끼는 경우, 직업활동은 개인의 생활목표뿐만 아니라 신체적 · 정신적 건강에도 긍정적 영향을 미쳐 삶의 질이 높아진다(Parker & DeCotiis, 1993).

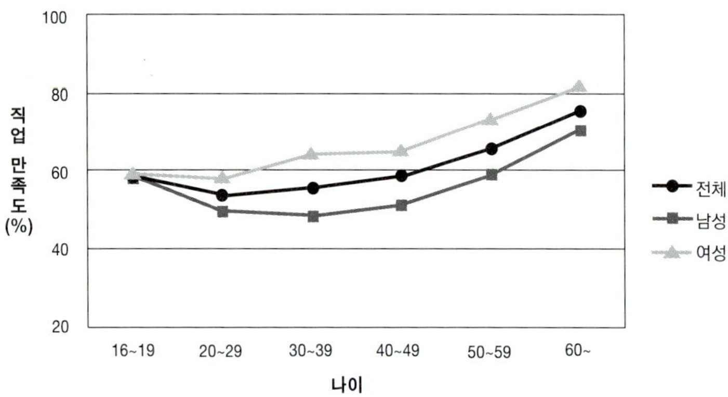

그림 6.1 나이와 직업 만족도

자료: Clark, Oswald & Warr(1996)에서 수정 · 인용

3) 직무 능력과 연령 편견

연령 편견은 주로 나이에 근거해서 그들의 생각 또는 태도, 행동을 규정하는 것으로, 현대사회에서는 젊은 사람보다 주로 나이가 들었다는 이유만으로 노인들에 대한 시선이 부정적인 경우가 많다. 특히 대부분의 사람들은 노인 노동자의 건강, 결근 및 조퇴율, 생산성, 사고의 유연성에 대해 부정적으로 바라보는 경향이 강하다. 그러나 여러 연구들에 의하면, 연령과 직무 능력이 반드시 부정적으로 관련되는 것은 아니다. 노인의 특성이 직업 수행에 방해가 되기도 하지만 오히려 도움이 되기도 한다. 이는 노화 자체가 직무 능력에 방해가 되는 요소는 아니라는 것이다. 일반적으로 노인들은 속도가 요구되는 작업을 수행하는 데는 서툴지만 숙련성을 요구하는 작업에서는 높은 능력을 보인다(Salthouse, 1996). 노인 스스로의 연령 편견 또한 노인 노동자의 작업 수행에 영향을 미친다. Cleveland와 Shore(1992)는 노인 노동자가 스스로를 실제 신체 연령에 비해 더 나이가 많다고 생각하는 경우에 작업 수행이 저조하지만, 신체 연령보다 더 젊게 생각하는 경우에는 작업 수행 능력이 상대적으로 높다고 보고하였다.

3. 은퇴

1) 은퇴란 무엇인가

은퇴는 생애의 끝이 아닌 전 생애 가운데 하나의 단계로, 은퇴 이후의 삶을 '제3의 인생'이라고 표현하기도 한다. 평균수명과 건강수명이 길어짐에 따라 현대인들의 은퇴에 대한 태도도 달라지고 있다. 2011년 조사에 따르면 예상 은퇴 연령을 묻는 질문에 40대는 62.5세, 50대는 65.3세, 60대는 69.6세라고 각각 응답하였으며, 이는 2000년 대비 각각 1.5년, 1.1년, 0.6년 상승한 결과이다(표 6.2). 시점별 예상 은퇴 연령(그림 6.2)은 모든 연령대에서 2011년의 은퇴 연령 곡선이 2000년보다 상위에 위치하며, 두 시점 간 간격은 65세 이후 수렴하는 것을 볼 수 있다(박시내, 2012).

표 6.2 연령대별 예상 은퇴 연령

(단위: 세)

	연령대별 예상 은퇴 연령											
	전체				남성				여성			
	2000	2005	2011	△'11-'00	2000	2005	2011	△'11-'00	2000	2005	2011	△'11-'00
20대	54.6	55.4	56.3	1.7	59.8	60.9	61.7	1.9	49.2	49.8	50.8	1.6
30대	58.2	58.9	59.8	1.6	62.2	63.4	64.5	2.3	54.1	54.3	55.0	0.9
40대	61.0	61.6	62.5	1.5	63.6	64.7	65.8	2.2	58.4	58.5	59.3	0.9
50대	64.2	64.6	65.3	1.1	65.8	66.6	67.5	1.7	62.8	62.7	63.2	0.4
60대	69.0	69.2	69.6	0.6	69.9	70.3	70.8	0.9	68.3	68.4	68.5	0.2

자료: 완전생명표(2000, 2005, 2011), 경제활동인구조사(2000, 2005, 2011); 통계개발원에서 재인용

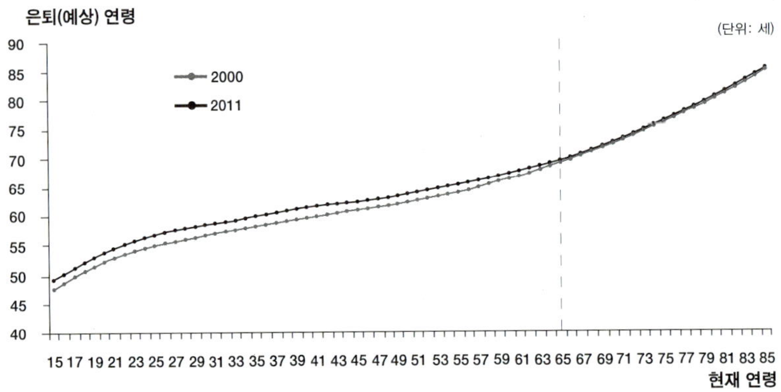

그림 6.2 시점별 예상 은퇴 연령

자료: 완전생명표(2000, 2011), 경제활동인구조사; 통계개발원에서 재인용

은퇴는 개인의 삶에 매우 큰 영향을 미치며, 은퇴 이후의 삶을 사는 모습은 개인마다 다르다. Schlossberg(2003)는 약 100명의 퇴직자와 인터

뷰를 해 6가지의 은퇴 유형을 확인했다. 첫째 유형은 진행형(continuers)으로, 자신이 퇴직한 분야의 연장선상에서 자원봉사 및 파트타임으로 일한다. 둘째 유형은 모험형(adventurers)으로, 자신의 은퇴 전 직업과 전혀 관련 없는 새로운 활동을 시작한다. 셋째 유형은 조사형(searchers)이다. 이들은 은퇴 시기에 자신의 정체성을 발견하지 못해 시행착오를 겪으며 개인 영역에서 적합한 역할을 찾는다. 넷째 유형은 유유자적형(easy gliders)으로, 일정한 계획 없이 하루하루 즐겁게 인생을 살며 "인생을 물 흘러가는 것처럼 살자"라고 말한다. 다섯째 유형은 참여관찰자형(involved spectators)이다. 이들은 이전에 종사했던 분야에 대해 여전히 관심을 갖고 있지만 이전과는 다른 역할을 수행한다. 여섯째 유형은 후퇴형(retreaters)으로, 은퇴 이후의 활동을 찾는 데 실패하여 은퇴 후 직업활동을 통해 삶의 활기를 찾는 것을 포기한다.

(1) 은퇴 시기

근로생애에서 노년기는 은퇴를 맞이하는 시기이다. 경제협력개발기구(OECD)는 은퇴 연령을 다음과 같이 세 가지 의미로 구분한다. 첫째, '실질 은퇴 연령(effective retirement age)'은 노동시장에서 어떤 형태로든 보수를 받는 일에서 완전히 퇴장하는 연령을 의미한다. 둘째, '공식 은퇴 연령(official retirement age)'은 전액 노령연금을 받을 수 있는 정년퇴직 연령을 의미한다. 마지막으로 '연금 가능 연령(pensionable age)'은 연금수급 개시 연령으로, 대체적으로 정년 퇴직 연령과 유사하지만, 국가마다 두 시점 간에 미세한 차이가 날 수 있다(박시내, 2012). 2011년 OECD 국가의 평균 은퇴 연령은 남성이 63.8세, 여성이 62.4세이고 한국의 공식 은퇴 연령은 남녀 모두 60세이다. 실질 은퇴 연령은 남성이 70.3세, 여성이 69.8세로, 남성은 멕시코에 이어 두 번째로 높고 여성은 제일 높다(표 6.3).

표 6.3 OECD 국가의 은퇴 연령(2011년 기준)

	남성			여성		
	실질 은퇴 연령	연금 가능 연령	공식 은퇴 연령	실질 은퇴 연령	연금 가능 연령	공식 은퇴 연령
일본	69.7	64.0	64.0	67.3	62.0	62.0
영국	64.3	65.0	65.0	62.1	60.0	60.0
미국	65.5	66.0	65.8	64.8	66.0	65.8
한국	**70.3**	**60.0**	**60.0**	**69.8**	**60.0**	**60.0**
이탈리아	61.1	59.0	65.0	58.7	59.0	60.0
프랑스	59.1	60.5	60.0	59.7	60.5	60.0
독일	61.8	65.0	65.0	60.5	65.0	65.0
그리스	61.9	57.0	65.0	59.6	57.0	60.0
터키	62.8	44.9	60.0	68.3	41.0	58.0
멕시코	72.2	65.0	65.0	69.5	65.0	65.0
10개국 평균	**64.8**	**60.6**	**63.4**	**64.0**	**59.5**	**61.5**

자료: 통계개발원

(2) 은퇴 결정의 요인

은퇴를 결정하는 요인에는 신체적 건강, 가족 구조, 성별, 직업 특성 등이 있다.

- 신체적 건강 요인: 만성적인 질병을 얻게 되거나 노화에 따른 체력의 저하를 경험할 때 사람들은 은퇴를 결심한다.
- 가족 구조 요인: 노인의 부양자 유무에 따라서 은퇴 시기가 달라지는데, 노인을 부양하는 가족이 있을 경우 은퇴 시기는 빨라지며, 그렇지 않을 경우 은퇴 시기는 늦어진다. 최근 부모 부양에 대한 견해와 관련된 조사에서 자녀가 노부모를 돌보아야 한다는 견해가 2008년 40.7%에서 2012년 33.2%로 감소하였고, 이에 반해 부모 스스

로 해결해야 한다는 견해는 2% 상승하였다(통계청, 2012). 이러한 현상으로 인하여 노인이 자녀에게 의존하지 않고 경제적으로 자립해야 하는 경우가 늘면 은퇴 연령도 함께 높아진다.

- 성별 요인: 성별에 따라서 은퇴 시기를 결정하는 데 차이가 난다. 직업을 가진 대부분의 여성은 가정과 직장에서의 이중역할 때문에 남성보다 더 빨리 은퇴를 결정한다. 그러나 전문직 종사자 및 자영업자 등은 직무수행을 통해 자아정체감을 느끼므로 은퇴 시기를 늦추는 경향이 있다.

2) 은퇴 후 적응

(1) 은퇴 후 적응 과정

은퇴는 수년간 지속되는 삶의 과정 중 하나이다. 그러나 인생주기에서 변화가 일어나는 시기가 모두 그렇듯이 은퇴 시기에도 적응이 필요하다. 은퇴는 일반적으로 다음의 6단계를 거친다(Atchley, 2000).

- 은퇴 전 단계(Pre-retirement): 은퇴 전 단계는 곧 퇴직을 하게 되는 사실을 알고 이를 준비하는 시기로, 은퇴를 준비하면서 은퇴 후의 삶에 대해 고민하게 된다.
- 밀월 단계(Honeymoon): 은퇴한 직후를 말한다. 이 시기에는 건강상태나 경제적 상태에 따라서 장기간 여행을 떠나 휴가를 즐기거나 이전에 시간이 없어서 하지 못했던 일을 하면서 시간을 보낸다.
- 환멸 단계(Disenchantment): 은퇴 전의 활동을 그리워하면서 은퇴에 대한 상실감을 경험한다. 일부는 은퇴 이전에 만든 계획에 실망할 뿐만 아니라 그것이 비현실적이었음을 깨닫기도 한다.
- 적응 단계(Reorientation): 대부분의 사람들은 환멸 단계를 극복하

고 은퇴자로서 현실에 맞는 새로운 역할을 계획한다. 또한 지역공동체에서 활동하거나 새로운 취미를 계발하고, 새로운 일자리에 대하여 만족감을 얻게 된다.

- 안정 단계(Retirement routine): 은퇴에 대한 적응에 성공하면 은퇴 후 변화를 만족스럽고 편안하게 있는 그대로 받아들이게 된다. 이 시기에 대부분의 사람들은 은퇴를 일상으로 받아들여 생활에 활력을 더하기 위해 여가활동을 확장시킨다.
- 종결 단계(Termination of retirement): 은퇴자의 역할이 종결되는 단계이다. 대부분 나이가 너무 많아 신체장애와 질병 때문에 독립성을 상실하여 은퇴자의 역할이 확연히 줄어들게 된다.

(2) 은퇴 후 생활 준비

젊은 시절부터 은퇴생활 준비를 하면 은퇴 후에도 지속적인 사회적 역할을 할 수 있기 때문에 노년기의 삶의 활력과 만족도가 유지된다. 행복한 은퇴생활에 관한 준비는 다음과 같다.

- 건강한 신체 유지하기: 은퇴 이후의 삶을 즐기기 위해서는 건강이 필수적이다. 특히 평균수명이 연장되어 은퇴 이후에도 활발한 외부활동을 하게 되는 최근 경향을 살펴볼 때, 건강은 은퇴 이후의 삶을 행복하게 꾸려 가는 데 필수적이다.
- 재무 상태 파악하기: 은퇴를 하게 되면 직업생활을 할 때와는 달리 경제적인 상황이 달라질 수 있으므로 필요한 생활비, 의료비, 여가생활비 등을 미리 파악하여 마련해야 한다.
- 긍정적 정서 유지하기: 은퇴는 개인의 삶에 큰 변화를 가져온다. 삶의 환경이 갑자기 변화되는 경우, 이는 큰 스트레스가 될 수 있다. 만약 은퇴로 인해 우울한 기분이나 허무감이 지속되거나 수면 패턴

이나 식욕에 변화가 생긴다면 의사 또는 전문상담사의 도움을 받을 필요가 있다.

- 삶의 목적 찾기: 은퇴생활계획을 세울 때는 자신의 전체 삶의 목표를 노년기에 알맞은 형태로 탐색하여 인생의 즐거움과 풍요로움을 가져올 수 있는 활동들을 찾아야 한다.
- 자원봉사활동하기: 지역공동체에 참여해서 평생 축적한 지식과 지혜를 활용하여 인적 자원으로 기여할 수 있다. 그리고 지역사회 속에서 새로운 사람들과 소통하고 사회관계를 형성함으로써 사회적 연대감을 구축한다.
- 새로운 친구 사귀기: 은퇴 후 일상의 삶을 함께 나눌 수 있는 사람은 지역사회에 거주하는 동년배 노인들이다. 그러므로 지역사회에서 새로운 친구를 사귀는 것은 전환기의 자기 계발을 위해 매우 중요하다. 은퇴생활의 성공은 든든한 사회적 연결망에 있다. 지역공동체 혹은 종교단체에 가입해서 자신의 관심분야를 공유하는 사람이 있는지 확인하고, 가능한 한 다양한 사람들을 만나면서 새로운 관계를 형성하는 것이 도움이 된다.

4. 여가

1) 여가란 무엇인가

여가란 심신이 평안하고 자유로운 상태에서 새로운 것을 학습하거나 즐기는 상태를 말한다. 여가는 사회구성원들의 자발적인 참여를 전제로 하고 내적으로 동기화된 활동으로 이루어지기 때문에 보다 많은 삶의 의미를 발견하고 자기 계발, 자아실현을 할 수 있는 기회를 제공한다. 특히 노년기에는 이전에 직업생활과 자녀 양육에 쏟았던 시간이 여가시간으로 전환됨에 따라 여가시간이 가지는 의미가 더욱 크다. 따라서 여가시간을 가치 있게 보내는 것은 성공적인 노년을 위한 핵심적 요소라고 할 수 있다.

2) 노년기 여가의 중요성

성년기는 자녀 양육이나 직업 수행 혹은 직업 수행을 위한 여러 가지 자기 계발 등의 활동으로 인하여 여가에 대한 기회나 열의가 상대적으로 낮다. 그러나 중년기에 접어들면서 직업적으로 안정됨에 따라 사회적·경제적으로 여유가 생기고 자녀의 성장으로 자유시간도 늘어난다. 이러한 중년기의 변화는 여가에 대한 풍부한 기회를 제공해 준다. 2010년 국민여가활동조사에서 휴일 여가시간을 연령층별로 살펴보면 10대가 6.3시간으로 가장 적고 70대 이상이 8.1시간으로 가장 많았다. 즉, 여가시간은 노년의 삶에서 많은 부분을 차지하며, 여가 시간을 잘 보내는 것은 성공적인 노화와 직결된다. 최근 노인을 대상으로 가장 행복하다고 느꼈을 때를 질문한 결과, '같은 생각과 취미를 가진 친구를 만났을 때(30.5%)'라는 답변이 가장 많았고 '여가활동에 몰두하고 있을 때(19.7%)', '자녀와 함께 있을 때(16.9%)', '새로운 지식과 기술을 배웠을 때(16.7%)', '봉사하고 도와줄 수 있을 때(13.0%)' 순으로 나타났다(정갑영, 2008). 노년기의 만족스러운 여가활동은 사회적 접촉 기회를 제공하고, 삶에 대한 사기 및 만족감, 생활에 필요한 기술과 기능, 신체적·정신적 자신감, 사람에 대한 통제력 등을 증진시킬 수 있다(Leitner & Leitner, 1985; Kelly, 1992).

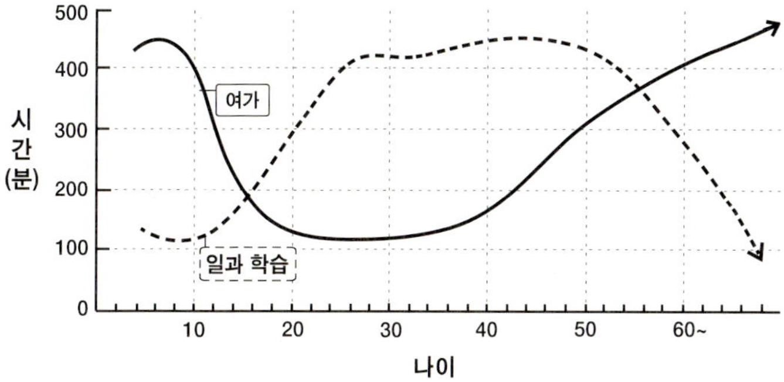

그림 6.3 생애주기별 생활 분포
자료: 한국문화예술교육진흥원

3) 노년기의 만족스러운 여가생활

앞서 살펴본 바와 같이 노년기의 즐거운 여가생활은 성공적인 노화를 위해 필수적인 요소이다. 이를 위한 방법으로 다음을 고려해 볼 수 있다.

- 여가를 자기 계발을 위한 과정으로 생각하기: 만족스러운 여가생활을 위해서는 여가를 단순한 휴식이 아닌 자기 계발의 시간으로 인식할 필요가 있다. 이를 위해서는 자신의 여가시간을 정확하게 알아 두고, 가장 선호하는 여가활동을 사전에 확인하고, 여가생활에 필요한 자금을 미리 준비하고, 여가활동을 마친 후에 활동에 대해 점검한다(이철원, 2005).
- 여가 그 자체에 몰입하고자 노력하기: 사람들은 여가활동을 통해 무아지경에 빠지면서 즐거움을 느낀다. 몰입 경험은 개인이 속박이나 의무에서 벗어나 자신이 원하는 일에 푹 빠지는 경험으로, 삶에 대한 적극성과 자발성을 높여 삶의 질을 향상시키는 데 중요한 경험이 될 수 있다. 몰입 경험은 주로 개인적 가치관이나 관심사를 반영하는 영역에서 나타날 수 있는데, 음악 감상, 운동, 창작 활동 등

다양한 영역에서 몰입 경험을 할 수 있다.

- 다양한 사람들과 함께 여가 보내기: 동년배인 노인들만 모여서 활동을 하는 것보다 여러 세대가 공유할 수 있는 활동을 할 때 여가활동의 영역이 확장된다. 또한 나이가 들어도 젊은이들과 함께 활동함으로써 노년기에 느낄 수 있는 사회적 고립감이 줄어드는 효과를 기대할 수 있다.

제7장

죽음과 임종

세계보건기구(WHO)의 정의에 따르면 죽음은 '소생할 수 없는 삶의 영원한 종말'이다. 노인의 경우 다른 연령층에 비해 상대적으로 죽음과 가까이 있으므로 죽음에 대한 태도는 노인의 삶 전체에 영향을 미치는 중요한 요인이 될 수 있다. 따라서 건강한 노년기를 보내기 위해서는 죽음에 대한 준비와 대처방안, 그리고 지식이 필요하다. 이 장에서는 호스피스, 안락사, 사별 등 죽음과 관련된 다양한 주제를 탐색해 보고자 한다.

1. 죽음의 의미

1) 죽음에 대한 노인의 태도

대부분의 사람들은 중 · 장년기 이전에는 죽음을 자신과 관계없는 일로 여긴다. 그러나 성인 중기에 접어들면서 친구, 가족 등의 죽음을 겪게 되고, 자신이 예전과 같지 않다는 신호를 신체적 · 사회적 측면을 비롯한 생활의 다양한 측면에서 받게 된다. 이러한 상실 경험은 나이가 들면서 더욱 빈번하게 발생하여 노인은 죽음이 자신과 동떨어진 이야기가 아닌 자기 삶의 중요한 주제로 떠오름을 느끼게 된다. 따라서 죽음에 대한 태도를 정립하는 것은 노년기 발달 과정에서 자연스러운 일이다. 노년기는 상대적으로 죽음이 임박한 시기이기 때문에 죽음에 대한 불안이 다른 연령층에 비해 클 것이라는 생각이 보편적이다. 그러나 노인은 청년들보다 죽음에 대해 더 자주 생각하지만, 더 두려워하지는 않는다. 죽음에 대한 두려움은 45~49세에 가장 크고, 70~74세에 가장 작다(Bengston, 1977). 노인의 불안이 젊은이보다 낮은 이유는 충분히 살았다는 생각과 타인의 죽음을 통한 사회화 때문이다(Kalish, 1985). 그러나 죽음 불안은 개인차가 심하고 다양한 요인의 영향을 받는다. 노인의 죽음 불안에 영향을 미치는 요인들에 관한 연구에 따르면, 죽음 불안에 영향을 주는 요소는 자아 통합감, 종교활동, 성별, 교육수준, 월소득 순으로 나타났다(박선애, 허준수, 2012). 특히 자아 통합감은 노인의 죽음 불안에 가장 큰 영향을 주는 요인으로, 자아 통합감이 높은 노인들은 삶의 위기나 상실에 대처하는 자원이 풍부하고 스트레스에 대한 회복력도 높아 죽음 불안이 낮은 것으로 나타났다. 또한 종교활동을 하는 노인들은 사후세계에 대한 기대를 가지고 있거나 그에 대한 준비를 하게 되어 죽음 불안이 낮은 것으로 나타났다. 성별도 죽음 불안에 영향을 끼쳤는데, 여성 노인이 남성 노인에 비해 죽음 불안이 더 높은 것으로 나타났다. 교육수준과 월소득 역시 죽음 불안과 반비례 관계를 보였다.

2) 죽음 전의 심리적 변화

사람들은 죽음이 다가왔을 때 어떤 심리적 변화를 겪는가? 세계적인 정신의학자 퀴블러 로스(Kübler-Ross)는 1969년에 죽음에 직면한 사람들이 부정(denial), 분노(anger), 타협(bargaining), 우울(depression), 수용(acceptance)의 다섯 가지 정서를 표출하고 있음을 발견했다. 임종이 가까운 대부분의 환자가 경험하는 첫 단계는 "아니야, 믿을 수 없어!" 또는 "의사의 진단이 잘못된 거야."와 같이 임종을 받아들이지 못하는 것이다. 이 단계에서는 죽음이 자신에게도 일어날 수 있는 사건임을 부정한다. 분노는 자신에게 닥친 죽음에 대해 자신 또는 주변 사람들에게 분노를 표출하는 단계이다. 타협의 단계에서는 불가피한 죽음을 어떻게든 연기하고자 노력한다. "딸의 출산일까지만 살게 해 주세요."와 같이 대개는 수명을 연장하는 형태가 대부분이다. 자신의 죽음을 더 이상 부정하지 못하게 될 때 환자는 심한 우울을 경험하게 된다. 이 단계가 우울 단계이다. 우울 단계에 있는 환자는 충분히 슬픔을 경험하도록 두어야 하며, 감정 표현을 하거나 이야기할 때 옆에 있어 줄 필요가 있다. 마지막 단계는 수용으로, 자신의 상황을 받아들이고 우울, 부정, 분노와 같은 정서 표현에서 벗어나 마음의 평안을 찾는 단계이다. 그러나 이 단계가 모든 사람에게 동일하게 나타나지는 않으며 개인차가 존재할 수 있다. 또한 이러한 반응들은 반드시 순서대로 나타나는 것이 아니라 뒤섞여 나타날 수 있고, 각 단계에 머무는 시간도 다를 수 있으며 이 모든 반응을 다 경험하지 않을 수도 있다.

2. 호스피스

1) 호스피스(hospice)란 무엇인가

호스피스는 독립된 전문기관에서 의사, 간호사, 사회복지사, 자원봉사자, 성직자 등 다양한 분야의 사람들로 구성된 종합의료팀이 24시간 호스피스 대상자와 그 가족에게 서비스를 제공하는 의료 프로그램이다. 호스피스 대상자는 의사에게 기대 여명이 3~6개월 이내라고 진단을 받은 자로, 의식이 명료하고 죽음을 수용하고 있으며, 수술이나 항암요법 등 다양한 치료방법에도 의료적 효과를 기대하기 어려워 회복을 위한 치료를 포기한 자여야만 한다. 호스피스의 경우 치료의 목적은 병의 치료가 아닌 고통의 경감이다. 따라서 일반 병원과는 달리 특별한 사유가 아니고서는 환자에게 힘든 검사는 하지 않으며 항암치료와 같은 고통스러운 치료 또한 하지 않는다. 대신 호스피스는 영적 돌봄, 통증의 경감, 사별에 대한 관리 등을 통해 환자와 가족의 고통을 줄이고 죽음 직전의 삶과 죽음의 질을 향상시킨다.

2) 호스피스의 유형

(1) 병동 호스피스

병원 내의 일부 병동에서 운영하는 호스피스의 형태로, 병원 부속형 호스피스라고도 한다. 기존의 의료시스템을 사용할 수 있으며 의료 인력의 호스피스 교육이 수월하여 간호사 인력이 소진되었을 때 비교적 쉽게 대체시킬 수 있다는 장점이 있다. 그러나 종합의료팀을 유지하기 위해 많은 인력이 필요하고 비용이 비교적 높으며, 대부분의 환자가 죽는다는 점에서 호스피스 병동에 대한 인식이 부정적일 수 있다는 등의 어려움이 있다.

(2) 가정 호스피스

자신에게 익숙하고 편한 공간인 집에서 호스피스 간호를 받고 싶은 환자들에게 호스피스 요원이 가정을 방문하여 호스피스 서비스를 제공하는 유형이다. 세계에서 가장 보편적인 호스피스 유형으로, 낮은 비용과 익숙한 환경이라는 장점을 갖고 있다. 이러한 형태의 호스피스는 환자뿐만 아니라 환자 가족의 삶의 질을 높이는 데도 큰 도움을 주는 것으로 알려져 있다.

(3) 독립형 호스피스

별도의 건물에서 호스피스만을 운영하는 경우로, 병원에 부속되어 있으면서 독립적으로 운영하는 경우가 많다. 누구든 환자를 의뢰할 수 있고 일반병원에서 환자를 담당하던 주치의가 호스피스로 옮겨 온 후에도 그대로 연결될 수 있다는 장점이 있다. 그러나 병상 수가 부족하며 비용이 비싸다는 단점이 있다.

(4) 기타

호스피스의 유형에는 병동, 가정, 독립형 호스피스뿐만 아니라 산재형, 시설, 주간보호 호스피스도 있다. 산재형 호스피스는 병원 내에 호스피스팀이 구성되어 있다는 점에서 병동 호스피스와 유사하다. 하지만 일부 병동에서 따로 호스피스를 운영하는 병동 호스피스와는 달리 산재형 호스피스는 별도의 병동이 마련되어 있지 않은 상태에서 일반 환자와 호스피스 환자가 함께 입원한다는 차이가 있다. 시설 호스피스는 병원과 가정 모두에서 돌봄을 받기 힘든 환자를 위한 호스피스이고, 주간보호 호스피스는 가정에 있는 호스피스 대상자가 아침에 호스피스 시설로 왔다가 저녁에 돌아가는 통원 형식으로 운영되는 호스피스이다.

3) 호스피스 제도의 국가 간 비교

호스피스 제도의 형태는 국가마다 다르며 그 역사 또한 국가별로 차이가 있다. 유럽 국가들은 호스피스 제도를 일찍 시작해서 그 역사가 100여 년에 이른다. 아시아권 국가 중에서는 일본을 호스피스 제도를 잘 정비하여 시행하는 국가로 꼽을 수 있는데, 시설의 수나 규모 면에서 아직 유럽에 비하여 대중화된 서비스로 보기는 어렵다. 한국의 호스피스 제도는 역사도 짧을 뿐 아니라, 재정적인 부분을 호스피스 대상자 본인이 전적으로 부담하거나 사설기관에 의존하고 있는 실정이다.

표 7.1 호스피스 제도의 국가 간 비교

	영국	미국	일본	한국
도입 시기	• 최초 도입: 1905년 • 본격 도입: 1967년	• 최초 도입: 1974년 • 본격 도입: 1982년	• 최초 도입: 1981년 • 본격 도입: 1990년	• 최초 도입: 1965년 • 본격 도입: 1988년
도입 배경	• 종교단체에 의해 최초 도입 후, 지역 당국에서 필요 수용에 대응함 • 1991년 국가의회가 설립	• 초기는 사회문화적 변화에 의해 확산됨 • 호스피스 경제성에 의해 제도화됨	• 1980년대 노인 인구 증가 • 암 사망자 급증, 말기 환자 케어의 적정화 등에 의해 구미 선진국의 호스피스가 도입됨	• 종교단체에 의해 최초 도입 • 종교계에 의해 호스피스 협회 결성
사업 유형	• 독립형 호스피스 • 가정 호스피스 • 주간보호 호스피스 • 병동 호스피스	• 독립형 호스피스 • 병동 호스피스 • 간호요양시설 호스피스 • 가정 호스피스	• 병동 호스피스 • 독립형 호스피스	• 병동 호스피스 • 독립형 호스피스
주요 대상	• 초기: 결핵환자 • 현재: 말기만성질환자, 암환자	• 암환자	• 암환자 • 노인환자	• 암환자 • 말기질환자
시설 수	• 1996년 독립시설 200개(3천 개 병상) • 1996년 가정간호팀 384개 팀 • 1996년 병동 호스피스 250개소 • 1996년 주간보호 호스피스 약 220개 프로그램	• 1998년 3,200여 개의 호스피스 프로그램 • 독립형 호스피스 40%, 병동 호스피스 30%, 가정 호스피스 23%, 기타 6% (1994년)	• 1998년 승인된 병동 호스피스 42개소(768개 병상) • 1998년 미승인 시설 40개소	• 2008년 한국호스피스협회 등록 기관 수 87개
인력	의사, 간호사, 성직자, 사회복지사, 임파선 전문 치료사, 공무원, 자원봉사자	의사, 간호사, 사회복지사, 성직자, 자원봉사자	의사, 간호사, 사회복지사, 성직자, 작업치료사, 물리치료사, 자원봉사자	의사, 간호사, 사회복지사, 성직자, 물리치료사, 자원봉사자
주된 재원	• 자선 · 자체사업 등에 의한 조달 • NHS 보조금 • 보험기관	• 메디케어 • 의료보험 • 주 재정	• 의료보험	• 기부금 • 종교단체 지원 • 기관예산 및 환자 진료비

	영국	미국	일본	한국
진료비 지불	• 환자 무료	• 일당 정액제(환자 일부 부담-약제 등)	• 일당 정액제(식비는 환자 부담)	• 환자 부담

자료: 한국보건의료관리연구원; 서혜경(2009)에서 수정 · 인용

3. 안락사

2008년 2월 세브란스 병원에 입원한 김 할머니는 입원 3일 만에 식물인간 상태에 빠졌다. 가족들은 "무의미한 연명치료를 중지해 달라"며 인공호흡기 사용 중단을 요구했지만, 병원 측은 "살아 있는 환자의 치료를 중단할 수 없다"며 가족 측의 요구를 거절했다. 대법원까지 간 소송 끝에 "인공호흡기에 의존한 연명은 인격적 가치를 제한하기 때문에 병원은 인공호흡기를 제거하라"는 판결이 내려졌고, 2009년 6월 23일에 인공호흡기를 제거하였다. 그러나 호흡기를 제거하고도 김 할머니는 100일이 넘게 자발적이며 안정적인 호흡을 유지하였고, 2010년 1월 10일 생을 마감하였다. 2011년 보건복지부에서 실시한 설문조사에 의하면 무의미한 생명연장치료 중지에 대해, 즉 존엄사에 찬성한다는 의견이 72.3%로 나타났다. 안락사에 대한 논쟁은 그 개념이 처음 생겨난 이래로 지금까지 팽팽하게 지속되고 있다. 과학기술의 발달로 수명을 연장할 수 있는 다양한 방법들이 개발되면서 논쟁은 더욱 가열되고 있다.

1) 안락사와 존엄사

안락사의 영어 표현인 'Euthanasia'는 그리스어의 'Eu(좋은)'와 'Thanatos(죽음)'에서 유래되었다. 어원적 의미에서 '좋은 죽음'을 뜻하는

안락사는 회생 가능성이 없는 환자의 고통을 완화하기 위해 생명단축 시술을 하는 것을 말한다. 안락사는 생명체의 의사, 시행자의 행위, 생존의 윤리성에 따라 다양한 유형으로 나눌 수 있다. 안락사 유형은 [표 7.2]와 같다.

표 7.2 안락사의 유형

생명체의 의사에 따른 분류	
자발적 안락사	환자가 자신의 의지로, 죽음을 도와 달라고 지속적으로 요청하여 이루어지는 안락사
비자발적 안락사	생명의 주체가 의사를 표시할 수 없거나 표현이 불가능할 경우 시행되는 안락사
반자발적 안락사	'강제적 안락사'라고도 하는데, 환자는 원하지 않지만 어떤 형태로든 시행되는 안락사
시행자의 행위에 따른 분류	
소극적 안락사	생명을 유지하는 데 필요한 일반적 조치를 취하지 않음으로써 삶을 끝내도록 하는 것. 안락사를 허용하는 대부분의 나라들은 소극적 안락사를 시행함(보통 존엄사의 경우 이 방법을 취함)
적극적 안락사	시행자가 환자의 생명을 단축시킬 목적으로 행하는 안락사(보통 치사량의 약물이나 독극물을 주입하는 방법을 씀)
생존의 윤리성에 따른 분류	
자비적 안락사	극심한 고통으로 인해 삶이 힘든 경우, 생명을 단축시키는 것이 자비로운 행위라는 생각에서 시행하는 안락사
존엄적 안락사	뇌사, 치매와 같이 인지 능력이 없거나 손상된 경우 인간의 생명이 무의미하다는 생각에서 시행하는 안락사
선택적 안락사	'도태적 안락사'라고도 함. 정신장애, 신체장애 등 공동체 발전에 부담이 되는 사람은 생존 가치가 없다고 여겨 그 생명을 단축시켜도 좋다는 관점에서 시행하는 안락사(예: 나치의 유대인 학살)

존엄사는 소생 가능성이 없는 환자를 대상으로 무의미한 치료를 중단하는 것을 말한다. 안락사와 존엄사를 명확하게 구분하여 사용하지는 않지만 두 개념 간에는 차이가 있다. 안락사는 고통을 최소화하기 위해 약물을 투여하는 등 적극적으로 생을 단절시키는 적극적 안락사와, 생명을 유지하는 데 필요한 조치를 취하지 않음으로써 생을 단절시키는 소극적 안락사 모두를 포함한다. 하지만 존엄사의 경우 소생 가능성이 없는 환자를 대상으로 무의미한 연명치료를 중단함으로써 소극적인 방법으로 죽음을 맞게 하는 것만을 가리킨다. 이러한 차이로 안락사를 금지하는 나라 중 일부에서는 존엄사를 허용하고 있다.

2) 국가별 안락사

미국의 40여 개 주, 네덜란드, 스위스, 호주 등 많은 나라에서 안락사를 법적으로 허용하고 있다. 스위스의 디그니타스 병원은 안락사 지원 병원으로, 1998년부터 2005년까지 453명의 안락사가 이루어졌다. 스위스는 의사가 환자에게 치사량의 약물을 주입하여 죽음을 도와주는 의사 조력 자살이 법적으로 허용되어 있지만, 안락사를 허용하는 많은 나라들은 소극적 안락사만을 법적으로 허용하고 적극적 안락사는 허용하지 않는다. 프랑스, 독일, 한국 등은 안락사 및 존엄사를 법적으로 허용하지 않고 있다. 프랑스는 뇌사상태라도 심장이 멎지 않으면 생존한 것으로 간주하여 안락사를 금지한다. 독일의 경우 형법에서 "어떤 이유로도 사람을 죽일 수 없다"라고 규정하고 있으며, 이에 대한 강력한 처벌 규정 또한 존재한다. 우리나라의 경우 안락사 및 존엄사에 대한 법적인 제도를 갖고 있지 않다. 그러나 최근 들어 안락사 및 존엄사에 대한 인식이 변화하고 있으며, 그에 따라 2009년 존엄사에 대한 법적 허용 판결이 내려졌다.

4. 사별

사별은 죽음으로 인해 사랑하는 존재의 상실을 경험하는 것으로, 인간이 겪는 매우 고통스러운 경험 중 하나이다. 사별은 남아 있는 가족 및 친지에게 커다란 슬픔과 충격이 되는 스트레스 사건이다. 특히 노인에게 있어서 사별은 정신적 · 신체적 · 사회적으로 큰 변화를 가져오는 매우 중요한 사건 중 하나이다.

사별로 인한 비탄은 병리적 상태가 아니며, 사별에서 겪는 슬픔과 감정적 변화들은 외적 사건에 대한 정상적 반응이다. 사별을 겪는 경우 정상적인 슬픔의 기간은 6주에서 2년 사이로, 개인에 따라 그 기간이 다양하지만 보통 시간이 지나면서 자연스럽게 정상으로 돌아온다. 〈그림 7.1〉은 사별집단과 비사별집단이 겪는 가족 스트레스를 나타내고 있다. 그래프에서 나타나는 것과 같이 사별 후 12개월이 지나면 사별집단의 스트레스는 비사별집단과 유사해진다. 그러나 사별의 고통과 슬픔이 시간이 지나도 없어지지 않거나 더 커지는 경우에는 전문적인 관리가 필요하다.

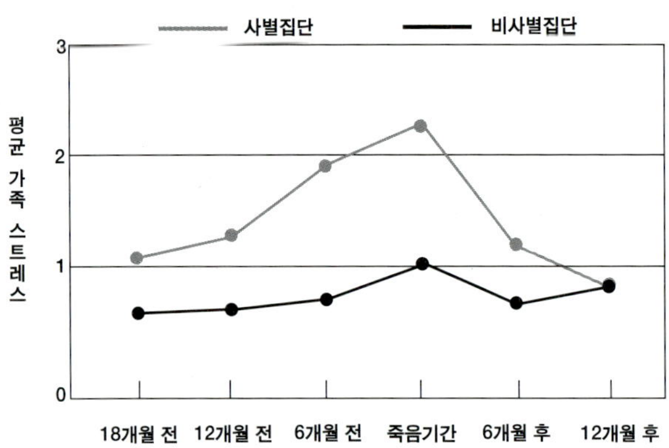

그림 7.1 사별 전과 사별 후 노령층 가족 스트레스와 적응
자료: 김수정 등(2001)에서 재인용

1) 사별의 신체적 영향

사별은 우리의 생활에서 매우 큰 스트레스 사건이다. [표 7.3]의 스트레스 진단 표는 가까운 가족의 사망으로 인한 스트레스의 강도가 100일 때, 생활 속에서 겪게 되는 여러 사건들이 어느 정도의 스트레스(충격)를 주는지를 나타낸 것이다. 사별로 인한 심한 스트레스는 신체적 문제를 유발할 수 있다. 우울과 불안은 사별로 인하여 겪을 수 있는 일반적인 현상으로 맥박 상승, 수면장애, 식욕 감퇴, 육체적 피로, 호흡 곤란 등이 발생할 수 있다. 이러한 신체적 스트레스는 심리적 스트레스를 가중시킬 수 있다.

표 7.3 스트레스 진단 표

생활사건	충격 강도	생활사건	충격 강도
가까운 가족의 사망	100	친한 친구와의 심한 다툼	40
친한 친구의 사망	73	경제적 지위의 변화	39
부모의 이혼	65	전공의 변화	39
법적 구속	63	부모와의 갈등	39
심한 신체적 질병	63	학교나 직장에서의 업무 증가	37
해고나 실직	50	진학한 첫 학기	35
중요한 과목에서의 실패	47	주거 상황의 변화	31
가족의 질병이나 손상	45	교사와의 심한 언쟁	30
성적(sexual) 문제	44	기대보다 낮은 성적	29

자료: 권석만(2003)에서 수정 · 인용

사별이 신체에 미치는 영향은 크게 두 가지로 나타난다. 첫째, 사별은 신경계에 영향을 주는데, 무기력과 피로가 가장 일반적인 신체적 증상이다. 사랑하는 사람의 상실은 정상치보다 높은 스테로이드 반응을 나타내며, 신경계의 민감성을 증가시켜 신체에 강력한 스트레스 반응을 일으킨다. 특히 자율신경계에 대한 신체의 반응 준비를 억제한다. 둘째, 사별로 인한 스트레스는 면역 체계에 영향을 미친다. 스트레스는 감염과 싸우는 매우 중요한 세포인 T-림프구의 활동을 감소시킨다. 따라서 사별로 인한 스트레스 반응은 감기나 알레르기 등 면역계의 이상으로 인한 다른 질환으로 이어질 수 있다. 관절염과 같은 기존의 고통스러운 문제들은 더 나빠지고, 때때로 만성적인 건강 질환이 재발하기도 한다. 고혈압과 당뇨처럼 관리에 주의가 필요한 질병을 가지고 있는 경우 급속도로 나빠질 수 있다.

2) 사별의 유형

사별은 죽음으로 인해 사랑하는 존재의 상실을 경험하는 것으로, 자녀와의 사별, 부모와의 사별, 배우자와의 사별 등 몇 가지 유형으로 구분된다.

(1) 자녀와의 사별

모든 사별은 큰 충격과 함께 비극으로 여겨지지만 그중에서도 가장 큰 비극으로 인식되는 것은 자녀와의 사별이다. 보통은 자녀보다 부모가 먼저 죽기 때문이다. 다른 사별과 마찬가지로 자녀를 사별한 부모도 정상적인 사별의 단계를 거친다. 그러나 특별한 경우, 자녀와의 관계로 인한 죄책감과 자녀의 고통과 죽음을 막지 못했다는 무력감 등으로 정상적인 사별 과정에서 벗어나기도 한다.

(2) 부모와의 사별

부모와의 사별은 보통 성장 이후에 경험하게 되지만, 그렇지 않은 경우도 있다. 부모와의 사별은 그것이 언제이건 간에 자녀에게 큰 영향을 준다. 자녀들은 부모와의 사별로 그들이 받아 온 사랑, 관심 등을 상실할 뿐 아니라 부모와의 관계를 향상시킬 기회도 함께 상실한다

(Buchsbaum, 1996). 통상적으로 노부모의 죽음은 자녀들에게 덜 고통스럽다. 노부모의 경우 자녀들이 부모의 죽음에 대해 마음의 준비를 할 수 있기 때문에 비교적 덜 고통스러울 수 있다(Moss & Moss, 1995).

(3) 배우자와의 사별

일반적으로 배우자 상실은 매우 큰 스트레스 요인이다. 그 어떤 사별보다 배우자 사별에 대한 연구가 많이 이루어지고 있는데, 그 이유는 배우자와의 사별이 개인의 심리적인 측면뿐만 아니라 경제적 · 사회적 측면에도 영향을 주는 중요한 요인이기 때문이다. 특히 노인의 경우 배우자와의 사별은 인생의 전환점이 되는 커다란 사건이다.

3) 노인의 사별

노인이 되면 많은 사별을 경험하게 된다. 그중 배우자 사별은 '동반자의 상실'이라 불릴 정도로 큰 영향을 준다. 배우자 사별에 대한 반응 양상은 여성 노인과 남성 노인에게서 다르게 나타난다.

연구에 의하면 남성들은 정서표현에 대한 사회적 압력, 직장생활, 가정 및 사회에서의 역할 등에 의해 여성보다 친밀한 관계가 부족하고, 감정 회복이 느리며, 고독하다(Hooyman & Kiyak, 2000). 따라서 남성 노인들은 사별 후 생활에 더 많은 어려움을 겪는다. 특히 전통적인 생활을 하는 국가에서 남성의 경우 가사 일을 거의 하지 않기 때문에 배우자 상실로 인한 생활의 어려움이 더 크다. 배우자와 사별한 54세 이상의 남성을 조사한 결과 사별 후 첫 6개월 동안 사망률이 40%에 이르렀다(Young, Benjamin & Wallis, 1963). 비슷한 연구 결과로 최근에 미국 로체스터공과대학의 연구팀에서 1910~1930년에 태어난 미국인 자료를 분석한 결과, 배우자를 상실한 남성 노인의 사망률은 그렇지 않은 노인보다 30%가량 높은 것으로 나타났다. 또한 남성 노인의 경우 사별로 인한 질병, 자살, 알코올 관련 문제를 일으키기도 하였다.

여성은 보통 자신보다 나이가 많은 사람과 결혼하는 경향이 있기 때문에 여성이 사별을 경험하는 나이는 남성보다 어리며, 사별한 노인의 수도 더 많다. 그러나 많은 연구에 따르면 사별한 여성의 대부분은 성공적으로 사별에 대처하는 것으로 나타났다. 배우자와 사별한 60~89세의 여성 노인들은 가정, 재정, 위생 등 다양한 면에서 혼자서도 잘 대처해나가는 것으로 나타났다(O'Bryant & Maorgan, 1990). 이는 여성 노인의 경우 친구나 가족 등과 더 많은 사회적 유대감을 형성하고 있기 때문인 것으로 보인다. 여성의 이러한 관계지향적 특성은 여성 노인이 배우자 사별을 경험했을 때 사회적 지지와 물질적 지원을 더 많이 요청할 수 있다는 것을 의미한다.

5. 비탄과 애도

1) 비탄이란 무엇인가

비탄은 상실에 대한 정서적 반응이다. 사랑하는 사람을 잃었을 때 우리는 슬픔, 분노, 죄책감, 상처, 혼란스러움 등의 감정을 경험하게 된다. 이러한 비탄은 쉽게 해소되지 않으며, 때때로 정상적 신체반응을 방해하고 더 나아가서는 질병을 일으키기도 한다.

2) 정상적 비탄과 비정상적 비탄

일반적으로 시간이 경과함에 따라 상실에 적응하고 비탄이 감소하는 것을 정상적인 비탄 과정이라고 한다. 이에 걸리는 시간은 사람마다 다르지만 6주에서 8주 혹은 2년 정도가 될 수 있다. 복잡한 비탄으로 언급되는 비정상적인 비탄은 상실을 경험한 사람의 3~25%에서 발견된다. 비정상적인 비탄은 만성적 비탄, 지연된 비탄, 권리가 박탈된 비탄, 과장된 비탄, 갑작스러운 비탄으로 나눌 수 있다.

표 7.4 비탄의 유형

유형	내용
만성적 비탄	시간이 지나도 급성기 슬픔의 증상이 지속되는 것이 특징이다. 해결되지 않은 비탄으로도 불리는데, 소수의 환자에게서 주요 우울증을 의심하게 하는 증상이 나타나며, 때에 따라 자살 경향을 동반하기도 한다.
지연된 비탄	지연된 비탄은 상실에 대한 반응이 수일, 수년 이상 지연되는 경우로, 언뜻 보기에는 관련 없는 다른 사건들(예: 최근에 한 이혼 또는 강아지의 죽음 등) 때문에 비탄이 촉발되며, 비탄 반응의 정도가 현재 상황에 비해 지나치다.
권리가 박탈된 비탄	슬픔에 빠진 사람들의 상실이 공개적으로 인정받지 못하거나 사회에서 받아들여지지 않는 상황(예: AIDS, 동성애적 파트너의 상실, 유산, 조산, 애완동물의 상실 등)일 때 발생한다.
과장된 비탄	비탄 반응이 지나치게 격렬하며 정서적으로 압도되거나 부적응적인 행동을 보인다.
갑작스러운 비탄	죽음이 예고 없이 매우 갑작스럽게 발생했을 때(예: 교통사고, 천재지변 등) 나타난다. 갑작스러운 비탄은 PTSD(외상 후 스트레스 장애)와 과장된 비탄으로 이어질 수 있다.

정상적인 비탄과 비정상적인 비탄은 구분하기가 쉽지 않다. 그러나 일반적으로 비탄의 강도나 지속 기간 등이 특정한 문화적 전통범위에 있을 때 그것을 정상적 비탄이라 하고, 그렇지 않은 경우 비정상적인 비탄이라고 할 수 있다(Stroebe, 2001). 1년 이상이 지나도 비탄의 수준이 전혀 감소하지 않거나 일상생활을 방해할 정도로 강력한 정서를 경험하고 있다면 전문가의 치료가 필요하다.

3) 정상적 비탄과 우울증

상실을 경험한 사람이 정상적 비탄과 임상적 우울증의 많은 증상을 동시에 나타낼 때, 이를 구분하는 것은 쉽지 않다. 정상적 비탄과 우울증을 구분하는 한 가지 기준은 시간이다. 정상적 비탄의 경우 시간이 지남에 따라 슬픔, 분노, 죄책감 등이 감소하며 비탄의 과정 중에도 행복이나 즐거움을 느끼는 경우가 늘어난다. 반면, 우울증은 시간이 지나도 슬픔, 무기력 등의 증상이 지속적으로 나타난다. 우울증의 경우 조기에 발견해서 치료하는 것이 중요하기 때문에 이러한 차이를 구별하는 것은 중요하다. 하지만 기간만으로는 비탄과 우울증을 구별하기 쉽지 않다. 일반적으로 우울증은 비탄에 비해 강렬하고 만연한 죄책감을 느끼며, 자살 사고를 나타내거나 무력감을 나타내며, 심한 경우 환청이나 환각 등의 증상이 나타날 수 있다.

4) 비탄에 영향을 미치는 요인

사랑하는 존재를 상실한다는 것은 누구에게나 고통스러운 일이다. 그러나 어떤 사람은 상실의 고통에서 빨리 벗어나 생활에 적응하고, 어떤 사람은 지속적으로 고통 받는다. 또 어떤 사람은 상실로 인해 슬픔이나 무력감을 주로 느끼지만 어떤 사람은 분노와 죄책감을 주로 느낀다. 이와 같이 비탄의 양상에 차이가 나타나도록 하는 요인에는 여러 가지가 있을 수 있다.

비탄은 고인과의 관계에 영향을 받는다. 고인과의 관계가 깊을수록 상실감도 커서 비탄의 강도는 더 깊어지고, 더 오랫동안 비탄을 경험할 가능성이 높다. 고인이 어떻게 죽었는지도 남겨진 사람들의 비탄에 영향을 줄 수 있다. 고인의 죽음을 예측하지 못하여 사별에 대한 준비를 하지 못했던 사람들은 상실을 인정하고 수용하는 데 어려움을 겪으며, 복잡한 비탄과 우울장애를 더 많이 겪는 것으로 나타났다(Barry, Kasl & Prigerson, 2002).

비탄 경험은 연령이나 성별, 그리고 성격에 따라 서로 다르다. 아동과 성인은 죽음에 대한 인식이 서로 다르므로 비탄에 대한 반응도 다르게 나타난다. 아동의 경우 야뇨증, 떼쓰기와 같이 퇴화 현상을 보이는 경향이 있다. 성별도 비탄에 영향을 주는 요인 중 하나로, 배우자와 사별했을 때 여성은 남성에 비해 신체적 문제와 죽음 불안, 분노, 고립감, 우울감 등을 더 많이 경험한다(Sanders, 1980). 성격적인 부분에서 의존성이 강한 사람과 관계를 형성하는 데 어려움이 있는 사람, 경계성 성격장애나 자기애성 성격장애를 가진 사람은 상실을 다루는 데 더욱 어려움을 겪을 수 있다(이이정, 2011). 또한 이전의 상실 경험이나 대처 전략 등의 차이도 비탄 반응에 영향을 미칠 수 있다.

정서적 · 사회적 지지는 비탄을 극복하는 데 매우 중요한 영향을 미친다. 비탄에서 쉽게 벗어나지 못하는 사람들 중 대다수는 다른 사람으로부터 사회적 지지를 받지 못하는 것으로 나타났다. 사회적 지지는 사별로 인한 스트레스의 해로운 영향을 줄일 수 있다(Bowling, 1988).

6. 죽음과 성공적 노화

1) 좋은 죽음(dying well, 웰다잉)

성공적인 노화에 대한 관심이 높아지면서 죽음에 대해 준비하려는 사람이 늘고 있다. 하지만 죽음에 대한 생각은 여전히 부정적이어서 죽음을 준비할 수 있는 정보와 교육 프로그램 등은 수요에 비해 부족한 실정이다. 하지만 죽음 준비는 단순히 죽음에 대한 준비를 나타내는 것이 아니라 성공적 노화와도 관련된 중요한 부분이다. 육체적 · 정신적 건강의 조화를 통해 행복하고 아름다운 삶을 추구하는 삶의 유형이나 문화를 일컫는 개념인 웰빙(well-being)은 현재 성공적인 노화를 포함한 다양한 생활영역에 적용되고 있다. 좋은 죽음(dying well)은 이러한 개념이 노년에까지 확장된 경우라고 할 수 있다.

2) 좋은 죽음과 관련된 요소들

좋은 죽음으로 여겨질 수 있는 삶의 종결 요건들에 대해서는 연구자들마다 다소 의견차가 있지만 그중 공통적인 몇 가지 요소들을 살펴보자. 김신미, 이윤정, 김순이(2003)는 노환으로 사망하는 것, 집에서 임종을 맞는 것, 임종 시 가족과 함께하는 것, 임종 기간이 1개월 미만인 것 등을 좋은 죽음의 중요한 요소로 들고 있다. 또한 배우자와 비슷한 시기에 함께하는 죽음, 폐 끼치지 않는 죽음, 명을 다하는 죽음 등도 좋은 죽음의 요소로 생각할 수 있다(이명숙, 2012).

3) 좋은 죽음을 위한 노력들

죽음이란 인생의 한 여정이다. 호스피스 운동의 중요한 인물 중 한 사람인 Byock(1998)는 그 누구도 고통과 외로움 속에서 생을 마쳐서는 안 된다고 주장한다. 죽음은 항상 슬프지만 반드시 비극적이어야 할 이유는 없다. 임종을 앞두고 있는 사람이라 하더라도 개인의 상황에 따라 죽음에 이르는 궤도는 매우 다양하다. 큰 사고를 당했거나 급성질병에 걸린 경우는 그 기간이 매우 짧고 경로가 가파를 것이며, 노환이나 만성질환자의 경우는 길고 완만한 삶의 결말을 맞게 된다. 그러므로 개인의 상황에 따라 의료진의 진료방식의 선택과 목표가 달라지고, 환자를 돌보는 주변 사람들의 역할도 바뀌게 된다.

웰빙에 이어 좋은 죽음 역시 건강한 삶의 화두로 떠오르고 있는데, 이는 현대인의 삶에 대한 적극적 태도를 반영한다. 즉, 침체되고 소외된 채 수동적으로 죽음을 기다리기보다 건강하게 죽음을 맞이하려는 노력이 필요하다는 것을 점차 많은 사람들이 인식하고 있다는 뜻이다. 좋은 죽음을 맞이하기 위해 해야 할 중요한 일 중 한 가지는 본인의 의식이 분명하지 않게 될 때를 대비하여 사후에 일어나게 될 일들에 관한 자신의 의사나 결정 사항을 기록으로 남기는 사전의향서를 작성하는 것이다. [표 7.5]는 이러한 준비 사항들에 대한 지침서 역할을 할 수 있을 것이다.

표 7.5 좋은 죽음을 맞이하기 위한 사전의향서

1. 개인 정보 부모와 배우자, 자식의 이름, 생일, 주소와 같은 인적 정보 및 반려동물의 종류와 이름 보유한 자격증, 참여한 조직명, 취미와 특기 자신의 교육 배경, 군 경력 및 직장 경력 등의 간단한 이력
2. 재정 상황 예금 및 연금 계좌 정보, 주식과 채권, 보험 가입 내역 대출 및 담보 등의 부채 관련 정보, 동산 및 부동산 목록
3. 법적으로 유효한 유언장 작성 본인의 의지에 따른 재산 분배 및 기부 등에 관한 내용을 증인의 참석하에 작성 여타 명시되지 않은 자산의 신탁 구성을 위한 법적 대리인 지명
4. 의료 선택 의료인 선정, 본인에게 시행될 의료 처치 방법을 본인을 대신해서 결정할 대리인 결정 연명치료 유무에 관한 여러 가지 사항들을 결정 사체 부검 및 장기 기증에 관한 사전 정보와 의사 표시
5. 사후 처리 자신의 사망 사실을 알려야 할 사람들의 명단과 부고 내용 작성 매장 방식 선택 및 장례 절차에 대한 의사 표시
6. 남기는 말 가족이나 지인 등 사랑하는 주변 사람들에게 마지막으로 하고 싶은 말 남기기

(1) 죽음 준비 교육

죽어 가는 환자를 돌보는 것에서 시작한 죽음 준비 교육은 현재 삶과 죽음에 대한 결정에 있어 고려되어야 하는 쟁점을 이해하도록 그 목적이 확대되었다. 죽음 준비 교육의 목표는 실시하는 기관에 따라 다르지만, 공동의 목표는 죽음의 단계를 이해하고 자기의 죽음을 인식하고 사색하며 인간의 존엄성을 지키는 것, 이별의 슬픔을 지혜롭게 극복하고 인간적 성장을 이룩하는 것 등이 있을 수 있다. 죽음 준비 교육은 죽음 불안이나 성공적 노화에 도움이 될 수 있다. 죽음 준비 교육을 통해 노인들의 죽음 불안이 경감될 수 있으며, 특히 의례적인 죽음보다 정신적인 죽음에 대한 준비를 하였을 때 노인들의 자아 통합감에 긍정적인 효과가 있었다(문남숙, 남기민, 2008).

(2) 버킷리스트(bucket list)

2007년에 개봉한 영화 〈버킷리스트〉는 불치병에 걸린 두 노인이 우연히 같은 병실에서 만나 자신들에게 남은 시간 동안 하고 싶은 일의 목록을 만들어 실행하는 내용을 담고 있다. 이 영화의 제목이기도 한 '버킷리스트'는 죽기 전에 해 보고 싶은 일들을 적은 목록을 말한다. 영화 속에 나타난 메시지처럼 버킷리스트는 삶을 후회 없이 살다 가기 위해 작성하는 목록이라 할 수 있다. 버킷리스트는 자신의 삶에서 부족하다고 느끼는 부분이나 후회되는 일 등을 정리함으로써 좋은 죽음을 준비하는 데 그 목적을 둔다.

(3) 임종 체험

새 생명 체험이라고도 불리는 임종 체험은 장례 절차와 유사하게 진행되며, 자신의 삶을 돌아볼 수 있게 만드는 프로그램이다. 유서 쓰기, 영정사진 찍기, 입관 체험 등 노인에게는 금기시될 수 있는 임종이나 장례의 절차를 가상으로 체험해 볼 수 있는 활동으로 구성되어 있다. 이러한 활동을 통해 참여자는 자신의 주변을 돌아보고, 죽음에 대한 부정적인 인식을 바꾸어 죽음 불안을 줄일 수 있다. 이러한 활동에 참여함으로써 노인은 막연히 두려워하거나 회피해 왔던 죽음이나 장례라는 주제를 개방적으로 수용하는 기회를 얻을 수 있으며, 자신의 죽음에 대해 차분히 생각하고 준비할 수 있다.

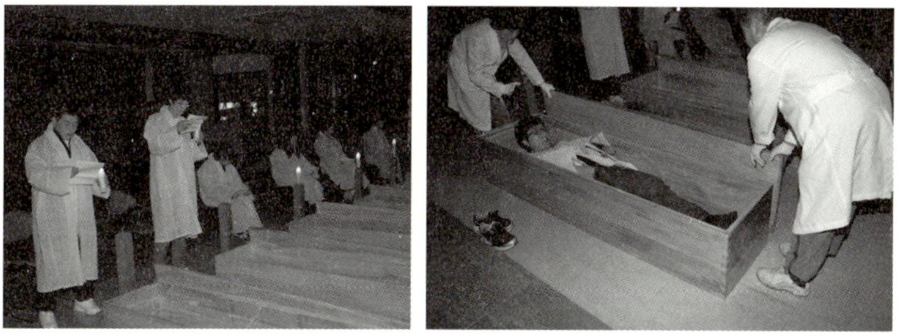

그림 7.2 대구가톨릭대학교 임종 체험 프로그램
사진 제공: 대구가톨릭대학교

(4) 사전의료의향서

앞서 살펴본 바와 같이 현재 우리나라는 법률상 존엄사나 안락사에 대한 규정이 없는 상태이다. 법적 · 제도적 체계는 아직 미비한 실정이지만 민간에서 사회적 운동의 차원으로 사전의료의향서를 작성하는 움직임이 나타나고 있다(그림 7.4). 이에 대한 사회적 관심이 높아지면서 최근 국가생명윤리심의위원회는 '무의미한 연명치료 중단 권고안'을 통해 연명치료를 중단하는 존엄사의 법제화를 권고한 바 있다. 이 권고안에 따르면 사전의료의향서 등 연명 대상 환자의 명시적 의사를 우선시하되, 만약 본인의 의사를 사전에 밝히지 않은 경우에는 가족 2인 이상의 진술과 담당의사, 전문의 등 2인의 진술을 통해 환자의 의사를 추정하도록 했다. 또한 가족이 없는 경우 법적인 대리인과 의사 2인의 확인, 대리인이 없다면 병원윤리위원회의 결정을 통해서도 연명의료를 중단할 수 있도록 했다(그림 7.3).

환자의 의사	확인 방법
명시적 의사	• 연명의료계획서 • 사전의료의향서(생전 유서 포함) + 담당의사의 확인
의사 추정	• 평소 사전의료의향서 + 의사 2인(해당 분야 전문의 1인 포함)의 확인 • 가족(배우자 · 직계비속 · 직계존속) 2인 이상의 진술 + 의사 2인의 확인
대리 결정 (의사 미추정)	• 적법한 대리인의 결정 + 의사 2인의 확인 • 가족 전원의 합의 + 의사 2인의 확인 • 대리인이 없는 경우, 병원윤리위원회가 결정

그림 7.3 연명의료 중단을 위한 환자의 의사 확인 방법
자료: 보건복지부

특정의료조치 요청서

(번호에 동그라미 친 것과 내가 직접 서술한 내용이 내가 원하는 사항입니다.)

1. 만약 내가 말기나 임종기 상황에 처한다면 다음과 같이 해주시기를 요청합니다.
   ① 의사들이 나의 상태를 회복 불가능하거나 회복 가능성이 희박하다고 결론 내린 이후에도 나의 생명이 최대로 연장되도록 필요한 모든 조치를 취해주기 바랍니다.
   ② 의사들이 나의 상태를 회복 불가능하거나 회복 가능성이 희박(　　% 이하)하다고 판단한 경우라면 나는 더 이상 적극적인 의료 시술로 나의 삶이 연장되기를 원하지 않습니다.
   ⓐ 나는 일반 병원에서 고통을 덜어주는 완화 치료만 받기를 원합니다.
   ⓑ 나는 집에서 지내기를 원합니다.
   ⓒ 나는 호스피스 기관에서 지내기를 원합니다.
   ③ 의사들이 나의 상태를 회복 불가능하거나 회복 가능성이 희박(　　% 이하)하다고 결론 내린 이후라도 생명을 연장시키는 의료 조치들이 행해지기를 원합니다. 그러나 다음에 × 표시 한 조치들은 원하지 않습니다.
   ⓐ 심폐소생술(　　)
   ⓑ 수혈, 투석, 약물 투여-항생제, 혈압 상승제(　　)
   ⓒ 인위적인 수액과 영양 공급(　　)
   ⓓ 인공호흡기를 통한 산소 공급(　　)
   ⓔ 중환자실 입원(　　)
   ⓕ 응급실 이송(　　)
   ④ 이 밖에 의사들이 나의 상태를 회복 불가능하다거나 회복 가능성이 희박(　　% 이하)하다고 결론 내린 이후에 다음과 같은 조치들이 행해지기를 원합니다.

2. 만약 내가 식물인간이나 뇌사상태, 또는 그것이 확실시되는 상태에 빠졌을 때 다음과 같이 해주기를 요청합니다.
   ① 나에게 심폐기능이 갑자기 정지하는 응급 상황이 발생하여 심폐소생술이 필요할 때, 그것이 성공하더라도 지속적인 식물인간이나 뇌사상태에 빠지게 됨이 분명할 경우엔 그 조치가 시행되지 않기를 바랍니다.
   ② 나에게 심폐기능이 갑자기 정지하는 응급 상황이 발생하여 심폐소생술이 필요할 때, 그것이 성공하더라도 지속적인 식물인간이나 뇌사상태에 빠지게 됨이 분명할 경우라도 그 조치가 시행되길 바랍니다.
   ③ 내가 뇌사상태이거나 회복가능성이 거의 없는(　　% 이하) 지속적인 식물인간 상태에 있을 때엔 생명 연장을 위한 모든 조치들이 중단되기를 바랍니다.
   ④ 내가 뇌사상태이거나 회복가능성이 거의 없는(　　% 이하) 지속적인 식물인간 상태에 있을 때엔 생명 연장을 위한 모든 조치들이 행해지기를 원합니다.
   ⑤ 내가 뇌사상태이거나 회복가능성이 거의 없는(　　% 이하) 지속적인 식물인간 상태에 있을 때엔 생명 연장을 위한 모든 조치들이 행해지기를 원합니다. 그러나 아래의 조치들은 원하지 않습니다.
   ⑥ 이 밖에 내가 뇌사나 지속적인 식물인간 상태에 빠졌을 때 다음과 같은 조치들이 행해지기를 바랍니다.

작성자 :　　　　　　　도장　　(사인)
주민등록번호 :
주소 :
작성일 :　　　년　　　월　　　일
작성 장소 :

그림 7.4 사전의료의향서의 한 예

자료: 웰다잉문화연구소에서 수정 · 인용

참고문헌(reference)

건강보험심사평가원(2010), 연도별 도박, 음주 관련 진료 실적.

고현남, 이삼순, 한회자(2001), 농어촌지역 노인의 우울정도와 관련요인, 정신간호학회지 10(4), pp. 645-655.

곽호완, 박창호, 이태연, 김문수, 진영선(2008), 실험심리학 용어사전, 시그마프레스.

구본용, 유제민(2005), 성격 및 환경요인과 행복과의 관계, 상담학연구 6(1), pp. 1-7.

권석만(2003), 현대 이상심리학, 학지사.

권석만(2000), 노년기 정신장애, 학지사.

김명, 김옥수, 조미숙, 홍양자(2008), 통합적 접근을 통한 건강과학의 이해, 이화여자대학교 출판부.

김문수, 문양호, 박소현, 박순권 공역(2006), James W. Kalat 저, 생물심리학(제8판), 센게이지러닝코리아.

김수정, 송길연, 이지연, 양돈규, 김정미, 변명숙, 조용우, 조은영, 이민희, 윤미숙, 이효영(2001), 성인발달과 노화, 시그마프레스.

김신미, 이윤정, 김순이(2003), 노인과 성인이 인식하는 '좋은 죽음'에 대한 연구, 한국노년학 23, pp. 95-110.

김영경, 진영선(2013), 정서인지기능이 탈화제발언(off-topic speech)에 미치는 효과, 한국심리학회지: 발달 26(3), pp. 47-69.

김애순(2012), 장 · 노년 심리학, 시그마프레스.

김애순(2006), 성인발달과 생애설계, 시그마프레스.

김주희, 김정현(1998), 노인 우울 척도를 이용한 노인의 우울 성향과 근골격계 만성동통의 상관성에 대한 연구, 한국노년학 18(3), pp. 90-102.

김진순, 손태용, 금란, 홍금덕(1999), 일 지역의 보건소 및 경로당 이용노인의 우울성향과 관련요인, 한국노년학 19(3), pp. 141-153.

김형수(2002), 한국노인의 자살생각과 관련요인 연구, 한국노년학 22(1), pp. 159-172.

대구파티마병원 호스피스(http://hospice.fatima.or.kr).

문남숙, 남기민(2008), 노인의 죽음준비도와 성공적 노화의 관계: 우울 및 죽음불안의 매개효과를 중심으로, 한국노년학 28, pp. 1227-1248.

민성길(2006), 최신정신의학, 일조각.

박경애(1996), 성과 자살, 한국가족학회지 1, pp. 149-172.

박상철(2009), 웰 에이징: 건강하고 당당한 100세 청춘을 준비하는 내 몸과 생활습관 개혁 매뉴얼, 생각의 나무.

박선애, 허준수(2012), 노인의 죽음불안 영향요인에 관한 연구, 정신보건과사회사업 40, pp. 1229-3040.

박시내(2012), 노동생명표 작성을 통한 중 · 고령세대의 은퇴연령 분석, 통계개발원.

배지연, 김원형, 윤경아(2005), 노인의 우울 및 자살생각에 있어서 사회적지지의 완충효과, 한국노년학 25(3), pp. 59-73.

배진희(2009), 고령노인의 일상생활기능 저하가 우울에 미치는 영향-사회활동참여와 노인학대의 매개효과를 중심으로, 한국노년학 29(1), pp. 353-368.

보건복지부(2009), 노인학대현황보고서.

보건복지부(2009), 2008년 치매 유병률 조사서.

사이언스올(http://www.scienceall.com/index.sca).

서사현(2011), 노인의 의사소통 기술과 자아존중감과의 관계, 건국대학교 사회복지학과 석사학위논문.

서혜경(2009), 노인죽음학개론, 경춘사.

성명옥(2007), 노인 스트레스의 인지평가 및 대처가 스트레스 반응에 미치는 영향, 한국노인복지학회 37, pp. 315-334.

송영달, 손지아, 박순미(2010), 독거노인의 자살생각에 영향을 미치는 생태체계적 요인 분석, 한국노년학 30, pp. 643-660.

양수, 김남초(2001), BDI-II에 의한 도시지역 노인의 우울 정도와 관련요인, 정신간호학회지 10(4), pp. 463-472.

양옥남(1995), 노인과 부양자의 스트레스와 대처방안에 관한 연구, 이화여자대학교 대학원 박사학위논문.

유경(2010), 노년기 정서 표현과 정서 표현에 대한 양가성이 주관적 안녕감에 미치는 영향, 한국심리학회지: 사회 및 성격 24(1), pp. 95-109.

유경(2007), 정서적 특성이 장노년기 주관적 안녕감 유지에 미치는 영향, 한국학술정보.

유재성(2006), 아름다운 은퇴, 학지사.

위키백과사전(http://ko.wikipedia.org).

이경남(2002), 노인과 사회적지지, 부산여자대학논문집 23, pp. 303-346.

이명숙(2012), 노인이 인식하는 좋은 죽음, 한서대학교 대학원 박사학위논문.

이수애, 이경미(2002), 농촌지역 노인의 우울증 결정요인에 관한 연구, 한국노년학 22(1), pp. 209-226.

이이정(2011), 죽음학 총론, 학지사.

이익섭, 김서원(2005), 저소득 노인의 우울에 영향을 미치는 요인에 관한 연구, 한국노인복지학회 노인복지연구 통권29호(가을), pp. 285-308.

이장호, 강숙정, 김지은, 김환환, 서수균, 손영미, 신희천, 여정숙, 오경민, 이봉건, 이은경, 주리래 공역(2009), Michel Hersen, Vincent B. Van 저, 임상노인심리학, 시그마프레스.

이정균(1981), 정신의학, 일조각.

이주일, 박군석, 유경, 김영범, 장숙랑, 윤현숙, 유희정, 김동현(2008), 성공적인 한국 노인의 삶, 박학사.

이철원(2005), 웰빙을 원한다면 여가를 경영하라, 이치.

임구원(2011), 노인학대가 노후 우울증에 미치는 영향에 관한 연구, 교정복지연구 21, pp. 67-84.

장문선, 김지호, 진영선, 곽호완, 박영신, 조현춘 공역(2010), Samuel E. Wood, Ellen Green Wood, Denise Boyd 공저, 심리학의 세계, 학지사.

장미희, 김윤희(2005), 노인의 스트레스, 우울 및 자살생각간의 관계, 정신간호학회지 14(1), pp. 33-42.

장휘숙(2006), 성인심리학: 성인발달 · 노화 · 죽음, 박영사.

정갑영(2008), 노인 여가문화 활성화 방안을 위한 실태조사, 한국문화관광원.

정영미(2007), 여성노인의 우울에 따른 건강상태 및 우울관련 요인, 한국노년학 27(1), pp. 71-86.

정옥분(2001), 성인발달과 노화, 교육과학사.

진영선, 김영경, 박선영(2010) 공역, I. H. Nordhus, G. R. VandenBos, S. Berg, P. Fromhold (Eds.), 임상 노년심리학, 학지사.

진영선, 김영경(2011), 기억 향상 요소를 강화한 노인 집단 자서전 쓰기 프로그램의 효과, 한국노년학 31(2), pp. 389-405.

최정혜(1990), 노인의 스트레스에 대한 영향변인과 대처방법에 관한 연구, 대한 가정학회지 28, pp. 119-133.

최혜경, 권유경 공역(2001), John W. Rowe, Robert L. Kahn 저, 성공적인 노화, 학지사.

통계청(2012), 사회조사 결과 보도자료.

한국경영자총협회(2012), 청년실업과 세대 간 일자리 갈등에 관한 인식 조사 결과보고서.

한국보건연구의료원(2010), 〈우울증, 자살 그리고 한국사회〉 Round-table Conference (RTC).

한림대학교 고령사회연구소(2010), 고령사회의 이해-노년과 사회, 소화.

헬스미디어 뉴스(ttp://www.healthmedia.co.kr).

About.com. Death and Dying. http://dying.about.com

Administration on aging. http://www.eldercare.gov/Eldercare.NET/Public/Index.aspx

Alexopoulos, G. S., Bruce, M. L., Hull, J., Sirey, J. A., & Kakuma, T. (1999). Clinical determinants of suicidal ideation and behavior in geriatric depression. *Archives of General Psychiatry*, 56(11), 1048-1053.

Alexopoulos, G. S., Meyers, B. S., Young, R. C., Campbell, S., Silbersweig, D., & Charlson, M. (1997). 'Vascular depression' hypothesis. *Archives of General Psychiatry*, 54, 915-922.

Alexopoulos, G. S., Young, R. C., Meyers, B. S., Abrams, R. C., & Shamoian, C. A.

(1988). Late-onset depression. *Psychiatric Clinics of North America*, 11(1), 101-115.

Allport, G. W. (1961). *Personality and social encounter: Selected essays*. New York: Holt, Rinehart and Winston.

Allport, G. W. (1937). *Personality: A psychological interpretation*. New York: Holt, Rinehart and Winston.

American Psychological Association (2007). *Stress in America*.

American Psychological Association. http://www.apa.org

American Psychiatric Association (1994). *Diagnostic and statistical manual of mental disorders* (4th ed.).

Atchley, R. C. (1991). Family, friends, and social support. In R. C. Atchley (Ed.), *Social forces and aging*, (pp. 150-152). Belmont, CA: Wadsworth.

Atchley, R. C. (2000). Retirement as a social role. In J. F. Gubrium & J. A. Holstein (Eds.), *Aging and everyday life* (pp. 115-124). Blackwell.

Atkinson, R. C., & Shiffrin, R. M. (1968). Human memory: A proposed system and its control processes. In K. W. Spence & J. T. Spence (Eds.), *The psychology of learning and motivation*. New York: Academic Press.

Atkinson, R. M. (1990). Aging and alcohol use disorders: Diagnostic issues in the elderly. International Psychogeriatrics, 2, 55-72.

Baddeley, A. D., & Hitch, G. J. (1974). Working memory. In G. A. Bower (Ed.), The psychology of learning and motivation (pp. 47-89). New York: Academic Press.

Baltes, P. B., & Baltes, M. M. (1990). Psychological perspectives on successful aging: A model of selective optimization with compensation. In P. B. Baltes & M. M. Baltes (Eds.), *Successful aging: Perspectives from the behavioral sciences* (pp. 1-34). New York: Cambridge University Press.

Barry, L. C., Kasl, S. V., & Prigerson, H. G. (2002). Psychiatric disorders among bereaved person: The role of perceived circumstances of death and preparedness for death. *American Journal of Geriatric Psychiatry*, 10, 447-457.

Bartholomew, K., & Horowitz, L. M. (1991). Attachment styles among young adults: A test of a four-category model. *Journal of Personality and Social Psychology*, 61, 226-244.

Baycrest. http://www.baycrest.org

British Broadcasting Corporation. http://www.bbc.co.uk

Beaunieux, H., Eustache, F., Busson, P., de la Sayette, V., Viader, F., & Desgranges, B. (2012). Cognitive procedural learning in early Alzheimer's disease: Impaired processes and compensatory mechanisms. *Journal of Neuropsychology*, 6, 31-

42.

Beck, A. T., & Emery, G. (1985). *Anxiety disorders and phobias: A cognitive perspective*. New York: Basic Books.

Bengtson, S. (1977). Aspects of problematic fossils in the early Palaeozoic. Acta Universitatis Upsaliensis. *Abstracts of Uppsala Dissertations from the Faculty of Science*, 415, 1-71.

Blanchard-Fields, F., Brannan, J. R., & Camp, C. J. (1987). Alternative conceptions of wisdom: An onion-peeling exercise. *Educational Gerontology*, 13, 497-503.

Blazer, D., George, L. K., & Hugues, D. (1991). The epidemiology of anxiety disorders: an age comparison. In D. Salzman & B. D. Lebowitz (Eds.), *Anxiety in the elderly* (pp. 17-30). New York: Springer.

Blazer, D. (1990). *Emotional problems in later life: Intervention strategies for professional caregivers*. New York: Springer.

Bokde, A. L., Karmann, M., Born, C., Teipel, S. J., Omerovic, M., Ewers, M., Frodl, T., Meisenzahl, E., Reiser, M., Möller, H., & Hampel, H. (2010). Altered brain activation during a verbal working memory task in subjects with amnestic mild cognitive impairment. *Journal of Alzheimer's Disease*, 21, 103-118.

Bowlby, J. (1980). *Attachment and loss*: Vol. 3. *Loss: Sadness and depression*. London: Hogarth.

Bowling, A. (1988). Who dies after widow(er)hood. A discriminant analysis. *Omega*, 19, 135-153.

Brown, R. P., Sweeney, J., Loutsch, E., Kocsis, J., & Frances, A. (1984). Involutional melancholia revisited. *American Journal of Psychiatry*, 141, 24-28.

Buchsbaum, B. C. (1996). Remembering a parent who has died: A developmental perspective. In D. Klass, P. R. Silverman, & S. L. Nickman (Eds.), *Contiuning bonds: New understanding of grief*. Washington, DC: Taylor & Francis.

Butler, G., & Mathews, A. (1987). Anticipatory anxiety and risk perception. *Cognitive Therapy and Research*, 11(5), 551-565.

Butler, G., & Mathews, A. (1983). Cognitive processes in anxiety. *Advances in Behavior Research and Therapy*, 5, 51-62.

Buysse, D. J., & Reynolds, C. F. (1990). Insomnia. In M. J. Thorpy (Ed.), *Handbook of sleep disorders* (pp. 375-433). New York: Marcel Dekker.

Byock, I. (1998). *Dying Well*. Riverhead Books.

Carpenter, S., Peters, E., Isen, A. M., & Västfjäll, D. (2013). Positive feelings facilitate working memory and complex decision making among older adults. *Cognition & Emotion*, 27(1), 184-192.

Carstensen, L. L. (1995). Evidence for a life-span theory of socioemotional selectivity. *Current Directions in Psychological Science*, 4, 151-156.

Cattell, R. B. (1965). *The scientific analysis of personality*. Baltimore: Penguin.

Charles, S. T., Reynolds, C. A., & Gatz, M. (2001). Age-related differences and change in positive and negative affect over 23 years. *Journal of Personality and Social Psychology*, 80, 136-151.

Charney, D. S., Reynolds Ⅲ, C. F., Lewis, L., Lebowitz, B. D., Sunderland, T., Alexopoulos, G. S., Blazer, D. G., Katz, I R., Meyers, B. S. (2003). Depression and bipolar support alliance consensus statement on the unmet needs in diagnosis and treatment of mood disorders in later life. *Archives of General Psychiatry*, 60, 664-672.

Chiriboga, D. A. (1984). The longitudinal study of transition. In S. Mednick, M. Harway & K. Finello (Eds.), *Handbook of longitudinal research*: Vol. 2. *Teenage and Adult Cohorts* (pp. 340-355). New York: Praeger.

Cicirelli, V. G. (1989). Feelings of attachment to siblings and well-being in later life. *Psychology and Aging*, 4, 211-216.

Cicirelli, V. G. (1992). *Family caregiving: autonomous and paternalistic decision making*. Newbury Park: Sage Publications.

Clark, A., Oswald, A., & Warr, P. (1996). Is job satisfaction U-shaped in age? *Journal of Occupational and Organizational Psychology*, 69, 57-81.

Cleveland, J. N., & Shore, L. M. (1992). Self- and supervisory perspectives on age and work attitudes and performance. *Journal of Applied Psychology*, 77, 469-484.

Cloninger, C. R. (1987). Neurogenetic adaptive mechanisms in alcoholism. *Science*, 236, 410-416.

Cohen, G. D. (1991). Anxiety and general medical disorders. In C. Salzman & B. D. Lebowitz (Eds.), *Anxiety in the elderly: Treatment and research* (pp. 47-62). New York: Springer.

Collins, N., & Read, S. J. (1994). Cognitive representations of attachment: The structure and function of working models. In D. Perlman & K. Bartholomew (Eds.), *Advances in personal relationships* (Vol. 5, pp. 53-90). London: Jessica Kingsley.

Conwell, Y., Caine, E. D., & Olsen, K. (1990). Suicide and cancer in late life. *Hospital and Community Psychiatry*, 41, 1334-1339.

Cook, I. A., Bookheimer, S. Y., Mickes, L., Leuchter, A. F., & Kumar, A. (2007). Aging and brain activation with working memory tasks: an fMRI study of connectivity. *International Journal of Geriatric Psychiatry*, 22(4), 332-342.

Costa, P. T., & McCrae, R. R. (1980). Influence of extraversion and neuroticism on subjective sell-being: Happy and unhappy people. *Journal of Personality and Social Psychology*, 38(4), 668-678.

Costa, P. T., McCrae, R. R., & Arenberg, D. (1980). Enduring dispositions in adult males. *Journal of Personality and Social Psychology*, 38(5), 793-800.

Counselling directory. http://www.counselling-directory.org.uk

Davidson, D. J., Zacks, R. T., & Williams, C. C. (2003). Stroop interference, practice, and aging. *Aging, Neuropsychology, and Cognition: A Journal on Normal and Dysfunctional Development*, 10(2), 85-98.

DePaulo, B. M. (1992). Nonverbal behavior and self-presentation. *Psychological Bulletin*, 111, 203-243.

Devanand, D. P., Nobler, M. S., Singer, T., Kiersky, J. E., Turret, N., Roose, S. P., & Sackeim, H. A. (1994). Is dysthymia a different disorder in the elderly? *American Journal of Psychiatry*, 151(11), 1592-1599.

Diener, E. (1984). Subjective well-being. *Psychological Bulletin*, 95, 542-575.

Dougherty, L. M., Abe, J. A., & Izard, C. E. (1996). Differential emotions theory and emotional development in adulthood and later life. In C. Magai & S. H. McFadden (Eds.), *Handbook of emotion, adult development, and aging* (pp. 27-41). San Diego. CA: Academic Press.

Emmones, R. A., & Colby, P. M. (1995). Emotional conflict and well-being: Relation to perceived availability, daily utilization, and observer reports of social support. *Journal of Personality and Social Psychology*, 68, 947-959.

Erikson, E. H. (1982). *The life cycle completed: Review*. New York: Norton.

Ewing, J. A. (1984). Detecting alcoholism: The CAGE questionnaire. *Journal of the American Medical Association*, 252(14), 1905-1907.

Eysenk, H. J. (1970). *The structure of human personality*. London: Methuen.

Flint, A. J. (1994). Epidemiology and comorbidity of anxiety disorders in the elderly. *The American Journal of Psychiatry*, 151(5), 640-649.

Folkman, S., & Lazarus, R. S. (1980). An analysis of coping in a middle aged community sample. *Journal of Health and Social Behavior*, 21, 219-239.

Ford, D. E., & Kamerow, D. B. (1989). Epidemiological study of sleep disturbances and psychiatric disorders. *The Journal of the American Medical Association*, 262, 1479-1484.

Forrest, S., & Lisa, M. (1994). Efficacy of psychosocial treatments for geriatric depression: A quantitative review. *Journal of Consulting and Clinical*

Psychology, 62, 69-74.

Fraley, R. C., & Shaver, P. R. (2000). Adult romantic attachment: Theoretical developmetns, emerging controversies, and unanswered questions. *Review of General Psychology*, 4, 132-154.

Freund, A. M., & Baltes, P. B. (1998). Selection, optimization, and compensation as strategies of life-management: Correlation with subjective indicators of successful aging. *Psychology and Aging*, 13, 531-543.

Fry, P. S. (1986). *Depression, stress, and adaptation in the elderly: Psychological assessment and intervention*. Rockville, MD: Aspen.

Goldman-Rakic, P. S., & Brown, R. M. (1981). Regional changes in monoamines in cerebral cortex and subcortical structures of aging rhesus monkeys. *Neuroscience*, 6, 117-187.

Goldstein, E. B. (2010). *Cognitive psychology* (3rd edition). Wadsworth, Cengage Learning.

Goodwin, D. (1991). The genetics of alcoholism. In P. R. McHugh & V. A. McKusick (Eds.), *Genes, brain, and behavior* (pp. 219-226). New York: Raven Press.

Government of the Netherlands. http://www.government.nl

Havighurst, R. J., Neugarten, B. L., & Tobin, S. S. (1968). Disengagement and patterns of aging. In B. L. Neugarten (Ed.), *Middle age and aging*, (pp. 161-172). Chicago: University of Chicago.

Hayflick, L. (1994). *How and why we age*. New York: Ballantine Books.

Hazan, C., & Shaver, P. R. (1994). Attachment as an organizational framework for research on close relationships. *Psychological Inquiry*, 5, 1-22.

Hesselbrock, M. N., & Hesselbrock, V. M. (1992). Relationship of family history, antisocial personality disorder and personality traits in young men at risk for alcoholism. *Journal of Studies on Alcohol*, 53(6), 619-625.

Hildreth, C. J., Burke, A. E., & Golub, R. M. (2011). Elder abuse. *The Journal of the American Medical Association*, 306, 568.

Hills, P., Argyle, M., & Reeves, R. (2000). Individual differences in leisure satisfactions: An investigation of four theories of leisure motivation. *Personality and Individual Differences*, 28, 763-779.

Hofland, B. F., Willis, S. L., & Baltes, P. B. (1980). Fluid performance in the elderly: Intraindividual variability and conditions of assessment. *Journal of Educational Psychology*, 73, 573-586.

Holland, J. (1973). *Making Vocational Choices*. Englewood Cliffs, N.J.: Prentice

Hall.

Hooyman, N., & Kiyak, H. (2002). *Social gerontology: A multidisciplinary perspective* (6th ed). Boston: Allyn and Bacon.

Hurley, B. F. (1995). Age, gender, and muscular strength. Journal of Gerontology Series A: *Biological Sciences and Medical Sciences*, 50A, 41-44.

Izard, C. E. (1993). Organizational and motivational functions of discrete emotions. In M. Lewis & J. M. Haviland (Eds.), *Handbook of emotions* (pp.631-641). New York: The Guilford Press.

Jaques, E. (1985). Too many management levels. *California Management Review*, 8(1), 13-20.

Jimura, K., & Braver, T. S. (2010). Age-related shifts in brain activity dynamics during task switching. *Cerebral Cortex*, 20, 1420-1431.

Jorm, A. F. (2005). Social networks and health: It's time for an intervention trial. *Journal of Epidemiology and Community Health*, 59, 537-538.

Kalish, R. A. (1985). The social context of death and dying. In R. H. Binstock & E. Shanas (Eds.), *Handbook of aging and the social sciences*, 2nd ed. (pp. 149-170). New York: Van Nostrand Reinhold.

Kelly, J. R. (1992). *Activity and Aging*. Newbury Park, CA, Sage Publications.

Kendler, K. S., Heath, A. C., Neale, M. C., Kessler, R. C., & Eaves, L. J. (1992). A population-based twin study of alcoholism in women. *The Journal of the American Medical Association*, 268, 1877-1882.

Kendler, K. S., Kessler, R. C., Walters, E. E., MacLean, C., Neale, M. C., Heath, A. C., & Eaves, L. J. (1995). Stressful life events, genetic liability, and onset of an episode of major depression in women. *The American Journal of Psychiatry*, 152, 833-842.

Kessels, Roy P. C., Meulenbroek, O., Fernández, G., & Olde Rikkert, Marcel G. M. (2010). Spatial working memory in aging and mild cognitive impairment: Effects of task load and contextual cueing. *Aging, Neuropsychology, and Cognition*, 17(5), 556-574.

Kubler-Ross, E. (1969). *On death and dying*. New York: Touchstone.

Labouvie-Vief, G., Hakim-Larson, J., & Hobart, C. J. (1987). Age, ego level, and the life-span development of coping and defense processes. *Psychology and Aging*, 2, 286-293.

Lang, F. R., & Schütze, Y. (2002). Adult children's supportive behaviors and older parents' subjective well-being: A developmental perspective on intergenerational relationships. *Journal of Social Issues*, 58, 661-680.

Lawton, L., Silverstein, M., & Bengtson, V. (1994). Affection, social contact, and geographic distance between adult children and their parents. *Journal of Marriage and the Family*, 56(1), 57-68.

Lazarus, R. S., & Folkman, S. (1987). Transactional theory and research on emotions and coping. In L. Laux & G. Vossel (Eds.), Special Issue. *European Journal of Personality*, 1, 141-170.

Lebsack, M., Felder, M. R., & Lieber, C. S. (1982). Hepatic aldehyde dehydrogenase activity in Peromyscus genetically deficient in alcohol dehydrogenase. *Comparative Biochemistry and Physiology Part B: Biochemistry and Molecular Biology*, 72, 517-519.

Leigh, G. K. (1982). Kinship interaction over the family life span. *Journal of Marriage and Family*, 44, 197-208.

Leitner, M. J., & Leitner, S. F. (1985). *Leisure in Later Life: A sourcebook for the provision of recreational services for elders*. New York: Haworth Press.

Levinson, D. J. (1996). *The season's of a woman's life*. New York: Knopf.

Levinson, D. J., Darrow, C. N., Klein, E. B., Levinson, M. L., & McKee, B. (1978). The season's of a man's life. New York: Knopf.

Loevinger, J. (1976). *Ego development*. San Francisco: Jossey-Bass.

Malatesta, C. Z., Fiore, M. J., & Messina, J. J. (1987). Affect, personality, and facial expressive characteristics of older people. *Psychology and Aging*, 2, 64-69.

Malatesta, C. Z., & Izard, C. E. (1987). Emotion communication skills in young, middle-aged, and older women. *Psychology and Aging*, 2(2), 193-203.

Mathews, A., & MacLeod, C. (1986). Discrimination of threat cues without awareness in anxiety states. *Journal of Abnormal Psychology*, 95, 131-138.

McAadams, D. P. (1994). Can personality change? Levels of stability and growth in personality across the life span. In T. F. Heatherton & J. L. Weinberger (Eds.), *Can personality change?* (pp. 299-313). Washington, DC: APA Books.

McCrae, R. R. (1982). Consensual validation of personality traits: Evidence from self-reports and ratings. *Journal of Personality and Social Psychology*, 43, 293-303.

McCrae, R. R. & Costa, P. T., Jr. (1990). *Personality in adulthood*. New York: Guilford.

McGue, M. (1993). From proteins to cognitions: The behavioral genetics of alcoholism. In R. Plomin & G. E. McClearn (Eds.), *Nature, nurture, and psychology* (pp. 245-268). Washington, DC: American Psychological Association.

McGuinness, B., Barrett, S. L., Craig, D., Lawson, J., & Passmore, A. P. (2010). Executive functioning in Alzheimer's disease and vascular dementia. *International Journal of Geriatric Psychiatry*, 25, 562-568.

Medicare Supplemental Insurance. http://www.medicaresupplementalinsurance.com

Mellinger, G. D., Balter, M. B., & Uhlenhuth, E. H. (1985). Insomnia and its treatment: Prevalence and correlates. *Archives of General Psychiatry*, 42(3), 225-232.

Miller, E. K., & Cohen, J. D. (2001). An integrative theory of prefrontal cortex function. *Annual Review of Neuroscience*, 24, 167-202.

Moen, P. (1996). Gender, age, and the life course. In R. H. Binstock & L. K. George (Eds.), *Handbook of aging and the social sciences* (4th ed) (pp. 171-187). San Diego, CA: Academic Press.

Morin, C. M., Stone, J., Trinkle, D., Mercer, J., & Remsberg, S. (1993). Dysfunctional beliefs and attitudes about sleep among older adults with and without insomnia complaints. *Psychology and Aging*, 8(3), 463-467.

Morley, J. E., Baumgartner, R. N., Roubenoff, R., Mayer, J., & Nair, K. S. (2001). Sarcopenia. *Journal of Laboratory Clinical Medicine*, 137, 231-243.

Moss, M. S., & Moss, S. Z. (1995). Death and bereavement. In R. Blieszner & V. H. Bedford (Eds.), *Handbook of aging and the family*. Westport, CT: Greenwood Press.

Moos, R. H., & Billings, A. G. (1982). Conceptualizing and measuring coping resources and processes. In L. Goldberger & S. Breznitz (Eds.), *Handbook of stress: Theoretical and clinical aspects* (pp. 212-230). London: Macmillan.

National Institute on Aging. http://www.nia.nih.gov

National Institutes of Health Consensus Development Panel on Depression in Late Life. (1992). Diagnosis and treatment of depression in late life. *Journal of the American Medical Association*, 268, 1018-1024.

Neugarten, B. L., & Gutmann, L. D. (1964). Age-sex roles and personality in middle age: A thematic apperception study. In B. L. Neugarten (Ed.), *Personality in middle and late life: Empirical studies* (pp. 44-89). New York: Atherton Press.

Neugarten, B. L., Havighurst, R. J., & Tobin, S. S. (1968). Personality and patterns of aging. *Middle Age and Aging*. Edited by Neugarten. Chicago: University of Chicago Press. 173-180.

Neugarten, B. L., & Weinstein, K. (1968). The changing American grandparents. In B. L. Neugarten (Ed.), *Middle age and aging*. Chicago: University of Chicago Press.

O'Bryant, S. L., & Morgan, L. A. (1990). Recent widows' kin support and orientations to self-sufficiency. *Gerontologist*. 29, 391-398.

Oyama, H., Fujita, M., Goto, M., Shibuya, H., & Sakashita, T. (2006). Outcomes of community-based screening for depression and suicide prevention among Japanese elders. *The Gerontologist*, 46, 821-826.

Parker, D. F., & DeCotiis, T. A. (1993). Organizational determinants of job stress. *Organizational Behavior and Human Performance*, 32, 160-177.

Patricia, A. H. (2003). Evidence-based protocol: Elderly suicide-secondary prevention. *Journal of Gerontological Nursing*, 29, 49-56.

Peck, R. C. (1968). Psychological developments in the second half of life. In B. L. Neugarten (Ed.), *Middle age and aging*. Chicago: University of Chicago Press.

Pervin, L. A. (1996). *The science of personality*. New York: Wiley.

Pinder, C. C. (1984). *Work motivation*. Glenview. IL: Scott Foresman & Company.

Powers, C. B., Wisocki, P. A., & Whitbourne, S. K. (1992). Age differences and correlates of worrying in young and elderly adults. *Gerontologist*, 32(1), 82-88.

Rabinowitz, J. C., Craik, F. I., & Ackerman, B. P. (1982). A processing resource account of age differences in recall. *Canadian Journal of Psychology*, 36(2), 325-344.

Rathbone, C., Moulin, C., & Conway, M. (2008). Self-centered memories: The reminiscence bump and the self. *Memory & Cognition*, 36, 1403-1414.

Regenstein, Q. R. (1980). Insomnia and sleep disturbances in the aged: Sleep and insomnia in the elderly. *Journal of Geriatric Psychiatry*, 13, 153-171.

Regier, D. A., Boyd, J. H., Burke, J. D., Rae, D. S., Myers, J. K., Kramer, M., Robins., L. N., George, L. K., Karno, M., & Locke, B. Z. (1988). One-month prevalence of mental disorders in the United States: Based on five epidemiologic catchment area sites. *Archives of General Psychiatry*, 45(11), 977-986.

Reichard, S., Livson, F., & Peterson, P. (1962). *Aging and personality*. New York: Wiley.

Reynolds, C. F., Kupfer, D. J., Taska, L. S., Hoch, C. C., Spiker, D. G., Sewitch, D. E., Zimmer, B., Marin, R. S., Nelson, J. P., Martin, D., & Morycz, R. (1985). EEG sleep in elderly depressed, demented, and healthy subjects. *Biological Psychiatry*, 20(4), 431-442.

Riggio, R. E., & Friedman, H. S. (1983). On the line: The deception judgments of customs inspectors and layman. *Journal of Personality and Social Psychology*, 36, 380-391.

Rosa, N., & Gutchess, A. (2011). Source memory for action in young and older adults: Self vs. close or unknown others. *Psychology and Aging*, 26(3), 625-630.

Salthouse, T. A. (1996). Constraints on theories of cognitive aging. *Psychonomic Bulletin & Review*, 3, 287-299.

Sanders, C. M. (1980). A comparison of adult bereavement in the death of a spouse, child, and parent. *Omega*, 10, 303-322.

Sanderson, W. C., & Barlow, D. H. (1990). A description of patients diagnosed with DSM-Ⅲ-R generalized anxiety disorder. *Journal of Nervous & Mental Disease*, 178(9), 588-591.

Schulz, R., & Heckhausen, J. (1996). A life-span model of successful aging. *American Psychologist*, 51, 702-714.

Selzer, M. L. (1971). The Michigan Alcoholism Screening Test (MAST): The quest for a new diagnostic instrument. *American Journal of Psychiatry*, 127, 1653-1658.

Schlossberg, N. K. (2003). *Retire smart, retire happy: Finding your true path in life.* American Psychological Association (APA).

Siegler, I. C., George, L. K., & Okun, M. A. (1979). Cross-sequential analysis of adult personality. *Developmental Psychology*, 15, 350-351.

Solomon, K., Manepalli, J., Ireland, G. A., & Mahon, G. M. (1993). Alcoholism and prescription drug abuse in the elderly: St. Louis University grand rounds. *Journal of the American Geriatric Society*, 41(1), 57-69.

Spielman, A. J., Saskin, P., & Thorpy, M. J. (1987). Treatment of chronic insomnia by restriction of time in bed. *Sleep*, 10(1), 45-56.

Staudinger, U. M., Smith, J., & Baltes, P. B. (1993). Wisdom-related knowledge in a life review task: age differences and role of professional specialization. *Psychology and Aging*, 7, 271-281.

Sternberg, R. J. (1999). The theory of successful intelligence. *Review of General Psychology*, 3, 292-316.

Sternberg, R. J. (1985). *Beyond IQ: A triarchic theory of human intelligence*. New York: Cambridge University Press.

Stroebe, M. S. (2001). Introduction: Concerns and issues in contemporary research on bereavement. In M. S. Stroebe, W. Stroebe, R. O. Hansson & H. Schut (Eds.), *Handbook of bereavement research* (pp. 3-22). Cambridge, UK: Cambridge University Press.

Student Senior Partnerships. http://www.studentseniorpartnerships.org

Suh, E., Diener, E., & Fujita, F. (1996). Events and subjective well-being: Only recent events matter. *Journal of Personality and Social Psychology*, 70(5), 1091-

1102.

Sullins, E. S. (1989). Perceptual salience as a function of nonverbal expressiveness. *Personality and Social Psychology Bulletin*, 15, 584-595.

Super, D. E., Savickas, M. L., & Super, C. M. (1996). The life-span, lifespace approach to careers. In D. Brown, L. Brooks & Associates (Eds.), *Career choice and development* (3rd ed.) (pp. 121-178). San Francisco: Jossey-Bass Publishers.

Tallis, F., Eysenck, M., & Mathews, A. (1992). A questionnaire for the measurement of nonpathological way. *Personality and Individual Differences*, 13, 161-168.

Terri Schiavo Life & Hope Network. http://www.terrisfight.org

Terry, C. P., & Sliwinski, M. J. (2012). Aging and random task switching: The role of endogenous versus exogenous task selection. *Experimental Aging Research*, 38(1), 87-109.

Thompson, D. G., Steffen, A., Thompson, L. W. (2007). *Handbook of behavioral and cognitive therapies with older adults*. New York: Springer.

Thompson, L. W., Gallagher, D., & Breckenridge, J. S. (1987). Comparative effectiveness of psychotherapies for depressed elders. *Journal of Consulting and Clinical Psychology*, 55(3), 385-390.

Warr, P., Miles, A., & Platts, C. (2001). Age and personality in the British population between 16 and 64 years. *Journal of Occupational and Organizational Psychology*, 74, 165-199.

Webster, J. D. (1997). Attachment style and well-being in elderly adults: A preliminary investigation. *Canadian Journal on Aging*, 16, 101-111.

Weiner, I. B. (1982). *Child and adolescent psychopathology*. New York, NY: John Wiley & Sons.

Whitbourne, S. K. (2004). *Adult development & Aging: Biopsychosocial perspectives* (2nd ed.). Wiley.

Whitbourne, S. K. (1987). Personality development in adulthood and old age: Relationships among identity style, health, and well-being. In K. W. Schaie (Ed.), *Annual review of gerontology and geriatrics* (pp. 189-216). New York: Springer.

Woodruff-Pak, D. S. (1997). *Neuropsychology of Aging: Understanding Aging*. Oxford, England: Blackwell.

Young, M., Benjamin, B., & Wallis, C. (1963). The mortality of widowers, *The Lancet*, 2, 454-456.

그림 및 표 출처

제1장 신체적 변화

그림 1.1
김명, 김옥수, 조미숙, 홍양자(2008), 통합적 접근을 통한 건강과학의 이해, 이화여자대학교 출판부.

그림 1.3
http://www.healthcentral.com

그림 1.4
서울대학교병원; http://www.naver.com에서 재인용.

그림 1.5
장문선, 김지호, 진영선, 곽호완, 박영신, 조현춘 공역(2010), 심리학의 세계, 학지사.

표 1.1
장휘숙(2006), 성인심리학: 성인발달 · 노화 · 죽음, 박영사. (수정 · 인용)

제2장 인지적 변화

그림 2.1
Goldstein, E. B. (2010). *Cognitive psychology* (3rd edition). Wadsworth, Cengage Learning. (수정 · 인용)

그림 2.2
www.wikimedia.org, http://academic.uprm.edu (수정 · 인용)

그림 2.4
Whitbourne, S. K. (2004). *Adult development & Aging: Biopsychosocial perspectives* (2nd ed.). Wiley. (수정 · 인용)

그림 2.5
김애순(2006), 성인발달과 생애설계, 시그마프레스. (수정 · 인용)

그림 2.6
김애순(2006), 성인발달과 생애설계, 시그마프레스. (수정 · 인용)

그림 2.7
정옥분(2001), 성인발달과 노화, 교육과학사. (수정 · 인용)

그림 2.8
김문수, 문양호, 박소현, 박순권 공역(2006), 생물심리학(제8판), 센게이지러닝코리아.

그림 2.9
김문수, 문양호, 박소현, 박순권 공역(2006), 생물심리학(제8판), 센게이지러닝코리아.

표 2.1
김정희 역(2004), 지혜, 지능 그리고 창의성의 종합, 시그마프레스. (수정 · 인용)

제3장 성격, 정서, 적응과 대처

그림 3.1
Whitbourne, S. K. (1986). *The me I Know: A study of adult identity*. New York: Springer-Verlag. (수정 · 인용)

그림 3.2
Science Daily (2010). Personality may influence brain shrinkage in aging.

표 3.2
Peck, R. C. (1968). Psychological developments in the second half of life. In B. L. Neugarten (Ed.), *Middle age and aging*. Chicago: University of Chicago Press. (수정 · 인용)

표 3.3
Loevinger, J. (1976). *Ego development*. San Francisco: Jossey-Bass. (수정 · 인용)

표 3.4
Neugarten, B. L., Havighurst, R. J., & Tobin, S. S. (1968). Personality and patterns of aging. *Middle Age and Aging*. Edited by Neugarten. Chicago: University of Chicago Press. 173-180.

표 3.5
성명옥(2007), 노인 스트레스의 인지평가 및 대처가 스트레스 반응에 미치는 영향, 한국노인복지학회.

제4장 노년기 정신건강

그림 4.1
국민건강보험공단(http://www.nhic.or.kr)

그림 4.2
국민건강보험공단(http://www.nhic.or.kr)

그림 4.3
통계청(2012), 사회조사 결과 보도자료.

제5장 노년기의 관계 형성

그림 5.1
대전광역시노인보호전문기관(http://www.dj1389.or.kr)

그림 5.2
보건복지부(2009), 노인학대현황보고서.

그림 5.3
통계청(2013), 혼인 · 이혼 통계 결과.

표 5.1
보건복지부(2009), 노인학대현황보고서.

표 5.2
보건복지부(2009), 노인학대현황보고서.

제6장 일, 은퇴, 여가

그림 6.1
Clark, A., Oswald, A., & Warr, P. (1996). Is job satisfaction U-shaped in age? *Journal of Occupational and Organizational Psychology*, 69, 57-81. (수정 · 인용)

그림 6.2
통계개발원(http://sri.kostat.go.kr)

그림 6.3
한국문화예술교육진흥원.

표 6.1
Super, D. E., Savickas, M. L., & Super, C. M. (1996). The life-span, lifespace approach to careers. In D. Brown, L. Brooks & Associates (Eds.), *Career choice and development* (3rd ed.) (pp. 121-178). San Francisco: Jossey-Bass Publishers. (수정 · 인용)

표 6.2
통계개발원(http://sri.kostat.go.kr)

표 6.3
통계개발원(http://sri.kostat.go.kr) (수정 · 인용)

제7장 죽음과 임종

그림 7.1
김수정, 송길연, 이지연, 양돈규, 김정미, 변명숙, 조용우, 조은영, 이민희, 윤미숙, 이효영 (2001), **성인발달과 노화**, 시그마프레스.

그림 7.2
사진 제공: 대구가톨릭대학교.

그림 7.3
보건복지부(http://www.mw.go.kr) (수정 · 인용)

그림 7.4
웰다잉문화연구소(http://www.well-dying.or.kr) (수정 · 인용)

표 7.1
한국보건의료관리연구원; 서혜경(2009), **노인죽음학개론**, 경춘사. (수정 · 인용)

표 7.3
권석만(2003), **현대 이상심리학**, 학지사. (수정 · 인용)